부동산 투자는

처음이지만

내 집 지어서

잘살고 있습니다

노후까지 책임지는 내 집 짓기 프로젝트

부동산 투자는 처음이지만 내 집 지어서 잘살고 있습니다

왕과장 지음

아파트를 사는 대신 건물주가 되자!

원앤원북스

프롤로그

열정을 다해 글을 썼지만, 열심히 한다고 해서 모든 게 술술 풀릴 것이라는 기대는 없었습니다. 오히려 한 번 더 생각하게 했습니다.

처음 출간 제안을 받았을 때, 블로그가 주는 힘을 실감했습니다. 일상과 한탄이 교차하는 이야기, 설렘과 기쁨이 가득한 마음을 담았지만, 과연 독자에게 제대로 가치를 전달할 수 있을까 하는 회의감에 빠졌습니다. 블로그를 운영하며 정보보다는 이야기에 집중해온 저의 습관이 책에서도 드러났습니다. 이야기를 전달하는 것도 중요하지만, 정보가 부족하면 독자의 마음을 사로잡기 어렵다는 것을 깨달았습니다.

부동산 경기가 좋았던 때 출간 제안이 들어왔지만, 2년이 지나 부동산에 관심도 줄어든 지금 출간하게 되어 염려가 앞섭니다. 하지만 2년간의 반성과 노력을 통해, 평범한 직장인으로서의 은퇴 걱정과 신축 준비 과정에서의 좌절과 노력을 진심을 담아 써 내려갔습니다. 이야기와 정보를 조화롭게 담아내려 최선을 다했습니다. 이 책을 통해 각자의 삶에서 어떤 의미를 찾을 수 있기를 바랍니다.

이 책을 쓰는 과정은 또 다른 여행이었습니다. 신축 준비를 하며 많은 책을 찾아보고, 저의 위치를 명확히 알게 되었습니다. 이미 많은 책이 신축에 대한 정보를 제공하고 있고 멋진 글과 사진의 정보도 많지만, 제게는 전하고 싶은 메시지가 있었습니다. 저는 평범한 직장인이자 아빠로서 뒤늦게 재테크를 시작했습니다. 신축의 여정 속에서 겪은 어려움과 즐거움, 현장에서 얻은 지식을 여러분과 공유하고 싶었습니다. 이 책이 재테크의 새로운 방법을 고민하는 여러분에게 도움이 되기를 희망합니다.

부동산 투자와 신축의 고수가 될 목적으로 시작한 여정은 아니었습니다. 오히려 현장에서 땀 흘리며 일하는 사람들과의 대화에서 제 이야기의 진정성을 찾았습니다. 이 책이 완벽한 것은 아닙니다. 하지만 기술적인 지식을 넘어서 신축을 통해 꿈을 실현하는 과정을 가감 없이 담았습니다.

열심히 일한 모든 이가 집 없이 방황하지 않기를 바라며, 이 책을 마무리합니다. 여러분의 꿈과 목표에 조금이나마 도움이 되길 기원하며, 신축의 여정을 함께할 수 있어 영광으로 생각합니다.

왕과장과 함께 하는 방법 #왕과장

블로그 blog.naver.com/bonking9

카페 cafe.naver.com/bonking9

유튜브 왕과장TV

신축단톡방 디벨롭 성지 집짓기 신축 사업도 처음이라

최종 탈고 후 이 자리를 빌려 감사와 애정을 표하고 싶은 세 명이 생각났습니다.

우선 우리 엄마에게

모든 원고를 출판사에 넘긴 후, 시원한 마음보다는 오히려 허전함이 밀려왔습니다. 이는 아마도 솔직하지 못한 마음 때문이었을지도 모릅니다. 군대를 제대하고 바로 취업했음에도 불구하고, 결혼 전 우리 집은 여전히 경제적 어려움을 겪고 있었습니다.

아버지는 술로 하루하루를 풀어냈습니다. 어느 날은 스님이 되시겠다며 용인 선산으로 할아버지와 할머니를 모시고 간 적도 있으셨습니다. 그러다 제가 회사 생활을 시작한 지 얼마 지나지 않아 교통사고로 갑작스럽게 세상을 떠나셨습니다. 어머니는 적은 보상금으로 서울 한편에 단독주택을 구매하셨고, 그곳에서 세를 놓으며 생활하셨습니다. 제가 재테크에 실패한 이후 이 단독주택에서 우리 아이들과 생활했고, 출퇴근 거리가 먼 자식이 안쓰러워 서울 집을 팔고 인천으로 이사를 오게 되었습니다. 이후 시간이 흘러 어머니는 살던 동네분들과 친구분들이 계신 서울로 다시 이사를 혼자 나가셨습니다.

아들 때문에 팔아버린 단독주택, 어머니를 생각하면 제 마음이 무겁습니다. 어머니, 정말 열심히 해서 그 집을 다시 찾아드리고 싶습니다. 깊은 사랑과 미안함을 담아 건네 봅니다. "죄송하고, 사랑합니다."

다음으로 저의 키다리 아저씨 꼼지고모에게

어린 시절 항상 저를 보호해주시던 꼼지고모, 때로는 엄격하게도 대하셨습니다. 하지만 그 모든 것이 애정에서 비롯된 행동이었다는 것을 압니다. 고모의 부재가 크게 느껴지는 순간들이 있었습니다. 특히 신축 프로젝트로 금전적 어려움을 겪었을 때, 고모는 망설임 없이 도움의 손길을 내밀어주셨습니다. 고모와 고모부의 너그러움과 사랑에 깊이 감사드립니다. 오래도록 건강하시길 바랍니다. 저도 더 열심히 살아서 조카들한테 도움이 되겠습니다.

마지막으로 제 아내에게

우리의 성격은 매우 다르지만, 아내는 항상 저를 지지해주었습니다. 신축 프로젝트를 시작할 때 아내가 어떤 생각을 했을지, 저는 상상만 할 뿐입니다. 아마도 '또 무슨 생각이지?'라고 생각했을 듯합니다. 아내와 저, 우리는 사랑을 넘어서 진정한 우정을 나누고 있다고 믿습니다. 앞으로도 건강하고 행복한 시간을 같이 보내고 싶습니다.

"당신이 차려준 밥상은 항상 최고야. 장손 집안에 철없던 시절에 시집와서 고생 많았어, 여전히 고생은 진행형이지만, 마무리 짓자고! 사랑한다, 여보~야~"

[차례]

프롤로그 004

PART 1

집을 짓기로 결심하다

왕과장, 신축을 결심하다 015

맨땅에 헤딩, 신축을 위한 첫걸음 022

예비 건축주에게는 공부가 필요하다 027

함께하는 신축, 이를 위한 동기부여 034

아무튼 나는 아파트보다 신축을 선택했다 043

PART 2

내 집 짓기, 어떻게 준비할까?

한눈에 보는 신축 과정 057

땅 매수를 위한 부동산 중개업소 찾기 072

토지 계약 전 해야 할 일들 076

신축에서는 무엇보다 대출이 중요하다 086

시공사, 어떻게 찾아야 할까 092

현장에서 만난 현장 사람들 098

마침내 토지를 계약하다 105

PART 3

공사, 시작만 하면 될 줄 알았지

철거와 측량, 이제 시작이다 113

신축 건물의 숨은 영웅, 전기와 물 124

신뢰가 필요한 타설 과정 130

신축 현장에는 건축주의 자리가 없다 136

아시바? 비계 철거 작전 143

심오한 신축 가전의 세계 149

PART 4

공사 과정보다 공사 후

신축 역시 사람과의 관계에서 시작된다 157

신축 현장에서 들어온 민원 159

건물을 다 지었다고 끝이 아니다 166

신축은 새로운 사업의 기회 173

PART 5

연달아 신축 두 채, 그 과정에서 얻은 것

두 번째 신축을 통해 깨달은 점 179

깡통전세보다 무서운 업자들의 등쳐먹기 192

신축과 함께 나의 삶이 달라졌다 203

신축 프로젝트, 이것만 기억하자 209

에필로그 222

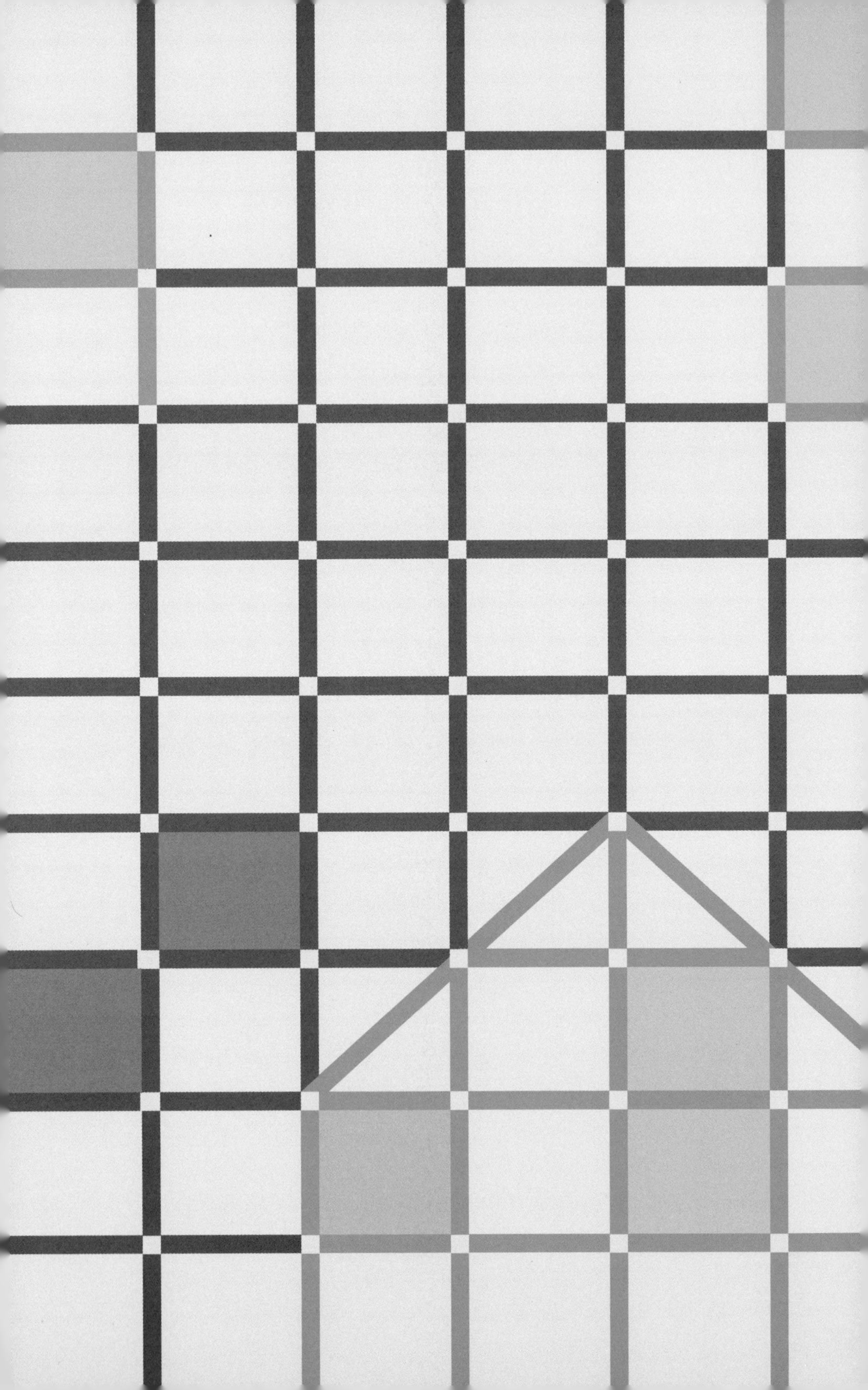

PART1

집을 짓기로 결심하다

왕과장,
신축을 결심하다

한 가정의 가장으로 생계를 위해 충성을 다했던 선배들이 퇴직했다. 직장생활의 끝을 옆에서 봤을 때 나 역시도 선배들과 비슷한 미래를 맞이할 것이라는 생각에 정신이 번쩍 든다. 퇴직하고 나서도 무난하게 생계를 책임져줄, 꼬박꼬박 들어오는 월급 같은 현금흐름이 필요함을 느끼게 되었다.

무엇이 있을까. 처음에는 전세금 많은 오래된 빨강 벽돌집 다가구 매입을 고민했다. 아파트 투자보다 월세 전환이 쉽고 임대를 많이 할 수 있을 것 같았다. 돌이켜 생각해보니 어렸을 적 대가족 안에서 자랐기에 시골 구축 집에서 컸던 기억이 영향을 미친 것 같기도 하다.

그렇게 열심히 100채 이상의 다가구 빨강 벽돌집을 보러 다녔다. 그러다 어느 한 시점에 생각을 바꿨다. 바로 허물고 새 건물을 짓는 '신축'으로 방향을 바꾼 것이다. 거주와 현금흐름, 이 모두가 가능한 유일한 주거 투자라고 생각했다.

그렇게 나 왕과장은 신축을 결심했다. 신축 투자의 장점은 무엇일까?

신축 투자의 장점

신축의 장점은 단연코 레버리지, 즉 대출이다.• 토지 구매 시 감정가의 80%와 신축공사 총량의 70% 이상을 은행 대출로 사용할 수 있다. 물론 다른 부동산에 투자할 때도 80% 이상의 대출이 나온다. 더욱이 전세임차인을 받으면 80% 이상의 레버리지도 이용할 수 있다.

여기서 두 번째 장점이 나온다. 바로 현금흐름이다. 신축은 현금흐름을 만들면서 단기매매를 이용해 차익까지 가능하다. 구축 투자도 레버리지가 가능하고 전세임차인을 맞추면 80% 이상 남의 돈 활용이 가능하지만, 신축은 대출 이용과 함께 단기 매매 전까지 현금흐름을 꾸준하게 발생시킨다. 매월 발생하는 현금흐름의 위력은

• Equity, 자기자본. 즉 신축 시 대출 말고 건축주가 가지고 있어야 할 자본금을 말한다.

상상 이상이다. 이렇게 매도를 급하게 생각하지 않고 원하는 매수자를 천천히 기다릴 수 있는 것이다.

세 번째, 각종 세제 혜택을 누릴 수 있다. 현재는 폐지되었지만 부활의 날갯짓을 꿈꾸는 '임대사업자'는 두 부류로 나눈다. 지어진 집을 산 후에 다른 사람에게 임대하는 '매입임대사업자'와 집을 지어서 임대하는 '건설임대업자'다. 건설임대사업자의 혜택은 여전히 유효하다.

네 번째, 건축주가 얻게 되는 신축에 대한 마진(이윤)이다. 건축주가 직접 신축건물을 매도하는 것은 신축 과정에서 생긴 차익과 현 시장의 시세차익 모두를 가져가는 것이다. 시장의 이익 한 가지만 가져갈 수 있는 흔한 건물 매매보다 더 매력적이다. 대출을 이용해서 신축건물을 짓고 여기에 임차인에 월세 현금흐름이 나오고 우리는 천천히 매각 전까지 매월 현금흐름을 쌓아가면서 매매 차익이 극대화되기를 기다리면 된다.

마음이 급하다면 전세를 활용해보자. 전세금을 받아 신축건물로 인해 받은 은행 대출을 상환하고 본인의 에퀴티 를 회수하는 한편, 투자금까지 확보까지 가능한 방법이다. 어떤 방법을 선택하든 자신의 투자 성격과 맞아야 하며, 이는 신축 전부터 신축의 방향성을 정해야 순조롭게 가능하다.

여기에 두 가지 이야기를 더 보태고 싶다. 하나, 직접 거주도 하면서 월세를 받을 수 있다. 신축을 완성(준공)하고 임대를 놓으면 2층

혹은 맨 위층에 주인이 거주할 수 있는 것이다. 건설임대사업자로 세제 혜택을 누리면서 말이다. 둘, 신축에 사업을 더해보자. 최대 장점은 월 임차비를 내지 않아도 된다는 점이다. 물론 입지에 따라서 아무 사업을 시작할 수 있는 것 아니지만, 만약 사업 계획이 있다면 가능한 입지를 찾아서 신축하면 된다.

기축 투자보다는 신축 투자

신축 투자가 기축 투자보다 나은 점은 무엇일까? 무엇보다 내가 직접 입지를 정할 수 있다는 것과 골치 아픈 물건을 황금 입지로 바꿀 수 있다는 점이 매력이다. 구축에 투자는 지어진 아파트나 오피스텔은 선택해야 하지만, 신축은 내가 입지를 정하는 것이다. 그만큼 입지 선택의 폭이 넓다.

또 신축은 기존건물을 완전히 철거한 후에 새롭게 집을 짓는 것이다. 즉 완전히 새로운 판을 까는 것이라 할 수 있다. 과정에 시간이 걸리고 어려워 보이기는 하지만 오히려 복잡하게 고민하지 않아도 된다. 리모델링 후 임차인을 들일 목적으로 단독주택을 매수한 적이 있는데, 실제 리모델링 비용 견적으로 수천만 원이 나와 이러지도 저러지도 못한 채 애만 태우다가 결국 매도했다.

어떤 투자방식이 좋고 나쁘다고 단정 지을 수는 없다. 투자 경험이 특출나게 많은 것도 아니기에 확답을 주기도 어렵다. 하지만 평범한 직장인이 두 번이나 신축해보니 기축 투자에서 신축 투자까지 고려해본다면 투자 기회가 늘어난다는 것을 깨달았다.

신축이 어려운 건 사실이다. 지나 보면 단순한 공정이 이어져서 복잡해 보이지만 그만큼 마진을 스스로 챙길 수 있는 장점이 있다. 편하게 지어진 신축을 매수하는 것은 건축주의 수고에 대한 수고비와 토지, 신축공정의 마진 모두를 지불한다는 것임을 잊지 않았으면 좋겠다.

높아진 건축비, 신축해도 될까?

신축 공부를 할 때 들었던 강사님의 이야기가 여전히 생생하다. "예전엔 비용이 적어 가능했지만, 지금은 비용이 많이 들어 어렵다는 이야기를 자주 듣습니다. 그리고 그 이야기를 지금 여러분께도 드리고 있네요." 이를 듣고 '지금이 바로 기회다!'라는 생각이 들었다.

최근 2년간의 전쟁과 인플레이션은 건축비 상승의 명백한 원인이다. 땅값 역시 치솟았다. 아파트 가격 상승은 누구나 체감하고 있으며, 단독주택 가격도 비슷한 추세를 보인다.

이렇듯 부동산 지가 상승과 함께 건축비도 올랐으나, 월세와 전세 가격은 상대적으로 따라오지 못하고 있다. 그래서 수지타산이 안

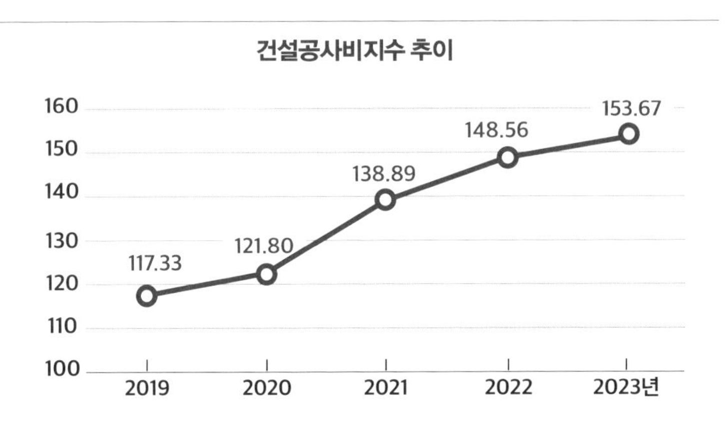

※ 매년 12월 기준, 2023년은 9월(잠정) 기준 자료: 한국건설기술연구원

맞는다는 이야기가 나오고, 수익률이 나쁘다는 말이 나오는 것이다. 수익률이 나오지 않으니 신축은 건축비가 올라서 이제 끝이 났다고 단정 짓는 것이다. 진실일까?

요즘 임대시장 분위기가 좋지 않다. 전세 사기 사건 이후 전세 문의가 확연히 줄어들었고, 이는 주택 임대시장에도 영향을 미쳤다. 반사이익으로 월세 문의가 증가함에 따라 월세 가격이 오르고 있다. 신축 원룸형 건물은 현금흐름의 목적으로 운영되며, 월세 상승은 수익률 향상으로 이어진다. 하지만 이보다는 금리 변동이 신축 주택 수익률에 미치는 영향이 크다.

금리 상승은 신축 전, 신축공사 때, 그리고 준공 후 신축건물에 남겨놓는 대출 이자 부담을 증가시킨다. 이는 건축주와 전세임차인 모두에게 영향을 준다. 고금리 환경은 전세금 대출 수요 감소와 함께 신축건물의 수익률 하락으로 이어진다.

건축비 상승이 문제인가, 아니면 만족스러운 수익률을 내지 못하는 신축이 문제인가? 신축 후 은행 이자조차 감당하기 어렵다면 당연히 잘못된 신축이라 할 수 있다. 수익성 있는 신축을 위해 필요한 것은 철저한 '준비와 공부'다. 목적이 같은 사람들을 모아 스터디그룹을 만들어야 한다. 함께 강의를 듣고, 관련 도서를 읽으며, 커뮤니티 활동으로 하고자 하는 신축 관련 정보와 부동산 최신 뉴스와 세금 관련 정보를 상시 교환하는 것이 중요하다.

결국 준비와 판단력 그리고 실행력이 성공적인 신축의 열쇠다. 금리와 건축비 상승 속에서도 준비되었다면 도전해볼 가치가 있다. 건축비와 토지 매수 비용, 물가 등 모든 게 오르고 있다. 우리는 수익률을 봐야 한다. 수익률이 나온다면 실행해야 한다.

하나 더 보태면, 건물에 '상가'를 넣는 편이 좋다. 상가는 신축건물의 수익률을 높일 기회다. 스스로 사업을 해도 괜찮다. 거주 임대수익률을 더 높여줄 수 있는 근생• 의 기회를 놓치지 말자.

• 근린생활시설이란 주택가와 인접해 주민들의 생활 편의를 도울 수 있는 시설을 말하며, 규모와 시설의 종류에 따라 '제1종 근린생활시설'과 '제2종 근린생활시설'로 나누어진다. 대부분 상가가 이에 해당한다. (©토지이용 안내 용어사전)

맨땅에 헤딩, 신축을 위한 첫걸음

무턱대고 신축을 생각한 것은 아니었다. 신축이라는 새로운 관점을 갖게 된 것은 그간의 부동산 투자 실패 덕분이었다. 과거 아파트를 사면 오른다는 단순한 생각으로 회사 사택 근처 아파트를 분양받아 입주했고, 그 옆 블록의 신축아파트를 또 분양받았다. 당시 끝물에 폭탄 돌리기를 하고 있었던 것인 줄도 모르고 말이다. 공부하지 않은 자의 결과였다.

신축에 관심을 가지면서 집을 지어가는 과정을 차근차근 알아보기 시작했다. 말로는 간단했지만 혼자 할 수 있는 범주가 아니었다.

무작정 시작한 임장

집을 지으려면 땅이 있어야 하니 땅을 먼저 알아보아야 하나? 신축을 위한 땅이라고 하면 특별한 조건이 더 있는 걸까? 무엇을 어디서부터 시작할지 어떻게 알아봐야 할지도 그야말로 막막하고 꽉 막힌 신축에 대한 정보. 어디를 기웃거려야 할지 도무지 감이 오질 않았다.

퇴근 후 무작정 임장을 다니기 시작했다. 남들보다 늦었다고 생각하니 마음이 급해졌던 것 같다. 아파트와는 달리 단독주택은 입지에 따라서 혹은 토지 모양에 따라서 매매 가격이 달랐고, 각 물건의 공통점과 차이점을 구분 짓기 힘들었다. 구분 짓는 내공을 키우기 위해서는 더 많은 매도 물건 주택들을 보아야 한다고 믿었다.

더 많은 물건을 보기 위해서는 계획이 필요했다. 여러 지역의 부동산 중개업소를 통해 다양한 물건을 보았다. 새로운 물건을 볼 때마다 시야도 생각의 폭도 넓어지는 것 같았다. 정해진 입지와 방향과 틀에 짜인 아파트를 보는 것과는 다른 차원이었다.

당시는 그저 맨땅에 헤딩하듯 물건을 보러 다녔지만, 이후 토지/건물등기부와 건축물대장을 열람하고, 토지이음(eum.go.kr)에 들어가 토지 모양과 평수 그리고 매도자의 인생 줄거리를 들여다보기 시작했다. 언제 이 집을 매수했고, 얼마의 빚이 있으며, 얼마에 매도했는지 예상이 된다. 그뿐만 아니라 예쁘게 지은 신축의 건축주는 얼마에 구축을 매수해서 얼마의 대출로 얼마의 동안 공사를 어느 설계

사무실, 어느 시공사와 했는지, 신축건물의 용도가 무엇인지도 정확히 알 수 있었다.

하지만 수많은 단독주택을 보면서도 정작 매수해야 할 토지가 어떤 기준에 어떤 입지를 매입해야 할지를 몰랐다. 나는 어떤 구축의 토지를 매입해야 할지 나만의 기준을 잡을 수 있는 지식이 필요했다.

지나고 나서야 알게 된 것: 임장

서울과 수도권의 수백 개의 물건을 임장해보니, 어느 정도 기준이 생기기 시작했다. 다만 당시에는 이에 대한 확신이 없이 '애매한 한두 개의 무언가' 때문에 단독주택의 가격이 차이가 난다고 생각했었는데 다시 정리해 보면 이런 거였던 것 같다.

- ☑ **구축의 매매 가격은 북도로와 아닌 것으로 나뉜다.**
- ☑ **큰 도로와 작은 도로 중 어떤 도로를 구축이 끼고 있느냐 혹은 도로가 없느냐로 갈린다.**
- ☑ **구축의 토지 모양은 사각형이 좋다.**
- ☑ **골목길에 위치한다면 그 골목길이 사도(개인명의 토지)인지 확인해야 한다.**
- ☑ **신축공사 시 현장진입(콘크리트 차량, 펌프 차량)이 용이한지 봐야 한다.**
- ☑ **용도지역별 가격이 높은 순서는 일반상업지, 3종 · 2종 · 1종 일반주거지역 순이다.**

적어도 이 정도만 알고 임장을 다녔어도 막막한 기분은 덜했을 듯하다.

신축 대출의 원리

대출은 신축에서 무엇보다 중요하다. 나는 신축의 원리는 레버리지를 이용한 수익률 게임이라 정의하고 싶다.

이론상 신축을 위한 대출 과정은 이렇다. 노후한 주택을 매입하고 주택을 철거한 후 토지 대출을 일으키고 신축공사에 필요한 신축공사자금 대출을 일으킨다. 물론 노후주택을 매수할 때도 대출을 일으킬 수 있지만, 신축과 관련 지어서는 자금 파이가 신축 쪽이 훨씬 크다. 또 구축을 철거한 자리에 신축을 짓게 되는 신축공사 자금 역시 은행 대출이 가능하다. 결국 두 번의 대출로(토지 매수 비용과 신축공사 비용) 신축공사 완공까지 가능하고 이 대출을 이용해서 토지매입부터 신축공사를 진행한다. 이후 준공을 받고, 신축건물에 전세 임차인이나 세입자를 받아 공사자금을 갚는 원리다.

✓ 매입하는 토지에서 대출 가능: 토지 감정가의 70~80%

✓ 신축하는 건물의 공사비를 미리 책정해 대출 가능: 은행마다 공사비 책정이 상이, 보통 공사금액의 70% 내외

이 간단한 대출 원리도 모른 채, 몇억 원도 아니고 몇십억 원이라는 자금이 신축 프로젝트에 들어간다? 스스로 자금 흐름을 모르면 우왕좌왕할 수밖에 없다. 더욱이 이런 대출을 어떤 은행에서 어떻게

실행해야 할지도 몰랐다. 모르면 호구가 되는 판이다.

신축에 대해 아무것도 몰라 본격적인 공부를 시작했지만, 당시 토지가격은 매달 오르고 있었기에 마음이 조급해졌다. 하지만 앞서 부동산 투자의 실패는 조급함을 억눌렀다. 신축의 원리를 이해하고 꼼꼼한 준비의 중요성을 더 간절히 느꼈다. 그런데 어떤 준비를 어떻게 해야 할지 모르는 게 문제였다. 그렇다. 공부가 필요했다.

예비 건축주에게는 공부가 필요하다

◆
✚
●

예비 건축주가 알아야 할 것은 생각보다 많지 않다. 어떤 토지가 좋은 토지인지, 어떤 식으로 공사가 진행되는지, 어떻게 노후주택 매수자금과 공사자금 대출이 이루어지는지, 신축 후 어떤 수익성이 나올지를 토지계약 전 스스로 검토할 수 있는 조금의 준비와 노력만 하면 된다.

WHAT & HOW List

신축을 하려면 무엇이 필요하고, 그 무엇을 어떻게 얻을 수 있는 것인가? 리스트로 정리해보았다.

무엇을 해야 할까(WHAT List)

우리는 '예비' 건축주다. 시공사 사장도 설계사도 아니니, 능력 있는 분들의 재능을 잘 고용하면서 민원에 유연하게 대처하는 진솔함을 가지면 된다. 아무것도 모르고 하고 싶은 의욕만 가지고 나서기에는 위험부담이 너무 크고 자금의 파이가 크다는 것을 잊지 말자.

체크리스트

- ✓ 왜 신축을 하는가?(목적)
- ✓ 신축을 위해 어떤 토지가 좋은가?
- ✓ 신축공사는 어떤 과정을 거치는가?
- ✓ 구축 매수 시 대출 방법과 절차는 어떠한가?
- ✓ 신축공사 자금 대출 방법과 절차는 어떠한가?
- ✓ 신축 시 수익률 선 계산을 해보았는가?
- ✓ 엑시트의 A,B,C를 가지고 있는가?

무엇을 해야 하는지를 확인하고 이를 해결하기 위해서는 '어떻게 해야 할까(HOW List)'가 필요하다.

어떻게 해야 할까(HOW List)

신축 시 어떤 토지가 좋은지는 설계사나 부동산 중개업소를 찾아서 상담해보자. 사실 제일 좋은 건 건축사를 찾아가서 처음부터 토지를 구하는 것이다. 하지만 바쁜 일정상 건축사와 동행하면서 최고의 토지를 구하기는 쉽지 않다. 신축공사 공정이 어떻게 이루어지는지는 관련 책을 참고하면 알기 쉽다. 또 실제 건축을 진행한 사람들의 블로그를 참고하면 더 생생한 경험을 얻을 수 있다. 구축 매수와 신축공사 자금 모두 대출에 관한 항목이니, 은행에 방문해 대출상담사와 상담을 시도해본다. 수익률을 내는 방식에 대해 여러 강의를 통해 방법을 습득해야 한다.

큰 자금이 한 번에 들어가는 신축. 정보가 많을수록 득이 된다. 인터넷뿐만 아니라 신축공사장의 소장님, 다른 건물주, 시공사 사장님 등 다른 사람들을 귀찮게 해야 한다.

구축의 단독주택 토지매수 비용과 자재비, 인건비, 공사비는 계속 오르고 있다. 언제까지 신축이라는 목표를 준비만 하며 미룰 수는 없다. 신축을 할 수 있는 자본과 토지를 매입할 비용이 있고, 신축 시 수익률이 얼마나 나오는지 확인이 되면 일단 시작하자. 일단 다음의 두 가지에 대한 답은 확실히 해야 한다.

체크리스트

✓ 에쿼티가 있는가?

✓ 신축 후 수익률이 나오는가?

당장은 이해하기 어려울 수도 있지만 앞으로 차근차근 공부해나가면 문제없다. 다만 수익률은 건축주 혼자서 최소한 계산하고 계획할 줄 알아야 한다는 점을 잊지 말자.

예비 건축주를 위한 공부법

공부 1 블로그

진솔한 이야기와 정보들은 네이버 블로그에 있다. 신축을 먼저 경험한 블로그 이웃들이 정리해놓은 글들을 보면서 간접적인 도움도 많이 받았다. 또 알려지지 않은 신축 고수나 이미 잘 알려진 블로그 이웃들에게 전화, 쪽지, 메일 등 모든 수단을 활용하면서 소소하게 도움을 받기도 했다. 다음 블로그를 참고하자.

✓ 미래짓는 왕과장(blog.naver.com/bonking9)

직장인이 맨땅에 헤딩하며 신축한 이야기를 진솔하게 풀어놓았다. 카페와 오픈단톡방 등을 운영하며 이웃들과 활발하게 소통하는 편이다.

✓ 평범한 사람의 지각 인생(blog.naver.com/pendulumism)

진자운동 님의 블로그. 택지지구에 부모님과의 신축을 짓고 있다.

✓ 건축생각(blog.naver.com/denkenb)

용인키즈카페 님 블로그. 다양한 디벨롭으로 대형 건축물과 단독주택 그리고 임대형기숙사까지 여러 신축을 볼 수 있다.

✓ 꿈이 펼쳐지는 작은공간(blog.naver.com/anning07)

영앤리치 애닝 님의 블로그. 평범한 회사원에서 전문디벨로퍼로 거듭나는 과정을 담았다.

공부 2 강의

블로그 이웃을 통해 오프라인에서 열리는 다양한 부동산 강의를 알게 되었다. 다만 처음 듣기 시작한 강의는 신축보다는 부동산 투자와 관련된 것이었다. 어차피 신축은 어떤 부동산 강의와도 연결고리가 있기에 대부분의 강의를 들었다. 아파트, 상가뿐 아니라 교통망, 분양권까지 전국을 대상으로 한 여러 강의를 통해 좀 더 시야를 넓힐 수 있었다. 그러다 차츰 신축과 관련된 강의도 수강했고, 나만의 기준이 하나둘씩 생기기 시작했다.

처음에는 강의에 돈을 들인다는 생각을 못 했다. 그러다 소심하게 시작했던 3만 원짜리 강의부터 몇십만 원 강의까지 부지런히 수강했고, 무엇보다 부동산 입지의 중요성을 깨닫게 해주었다.

이때나 지금이나 신축에 대해서는 두리뭉실하게 이야기하는 경우가 많았다. 나름 많은 강의를 들었지만 정말 궁금했던 것은 듣지 못하기 일쑤였다. 당시 내가 그토록 알고 싶어 하던 것은 무엇이었을까?

체크리스트

✓ 토지의 대출 규모(비용)

✓ 신축공사 시 대출 규모와 실행 은행

✓ 어떤 입지의 구축 찾아야 할까

✓ 찾은 입지의 발전 가능성

✓ 가설계를 받는 방법(설계사무실)

✓ 부도 없이 건전한 시공사 찾는 방법

하나의 강의를 통해 이 모든 것을 알 수는 없다. 다만 강의가 정보를 깨우치는 시간을 단축시켜주기는 한다. 또한 부동산에 대한 눈을 뜨고, 시장을 바라보는 관점, 스스로 입지를 보는 기준을 길러준다. 무엇보다 확실한 동기부여가 일어나기도 한다. 간절한 마음으로 비싼 강의료를 지불한 사람들이 모인 강의는 스터디 그룹으로도 이어진다.

공부 3 스터디 그룹

강의에서 과제를 부여받아 매주 다시 모여 신축 관련 과제발표를 하는 과정에서 자연스럽게 신축 스터디 그룹이 결성된다. 서로의

'선한 영향력과 긍정에너지'를 받아서 한 명 한 명씩 토지 매수와 신축공사 터파기를 시작하기도 했다. 함께 꿈을 이루어가는 '동기'가 '동지'가 되고 있다는 자체가 큰 배움이었다. 개개인은 작지만 그 작은 정보를 공유하면서 같이하면 엄청난 시너지를 발휘함을 경험했기 때문이다.

같은 목표를 함께 공유하는 동기가 있어야 할 이유는 백 가지도 넘지만, 제일 중요한 것은 그 과정에서 공감을 나눌 수 있다는 점이다. 신축은 시작되면서부터 고민과 민원의 시달림, 때로는 예상치 못한 자금 사정의 악화로 누구한테 의논조차 할 데가 없다. 그 와중에 고충을 털어놓고 위안받을 수 있는 사람들이 있다는 것만 해도 의지가 된다.

또 함께 멋지게 지어진 신축건물을 보며 케이스 스터디도 한다. 다른 건축주의 신축을 가지고 마치 자기 경험인 듯 이야기해보는 것이다. 이런 스터디를 통해 신축한다는 것에 대해 간접경험을 해볼 수 있었다.

비싼 강의를 들고자 오는 사람들은 그만큼의 열정과 간절함이 있다. 이런 사람들과 스터디 그룹을 만들기 위해 비싼 강의를 듣는다고 해도 과언이 아니다. 최고의 효과는 바로 '스터디 그룹'의 결성임을 잊지 말자.

함께하는 신축, 이를 위한 동기부여

‘만약의’ 시나리오로 무장한 열정가이, 55성수 님

땅을 보러 다니면서 알게 된 박사님이 있다. 건물주가 꿈이라고 한 박사님은 55성수 님(blog.naver.com/55seongsu). 개인적으로는 어어 형수님이라고 부른다. 부지런하며 스스로 티 내지는 않아도 머리가 비상함을 느끼지만 아재 개그를 사랑하고 엉뚱한 면이 있는 열정가다. 내가 보기엔 완벽한 시골남인 듯싶지만 나름 서울 원조 차도남이라 주장한다.

55성수 님을 처음 만난 건 신축 스터디였다. 신축 스터디 강의 이후에도 우린 나건주 맴버들은 모임을 이어갔다. 꿈과 목표가 같으니 자연스럽게 매달 모임을 이어갔다. 모두 신축의 꿈이 있었기에 신축에 관한 이슈를 각자 점검하며, 각자의 투자에 관해 이야기도 나누었다. 공식 신축 스터디 종강 이후 합류한 분이 바로 55성수님이다. 늘 웃고 자상하고 선한 인상이니 모두가 좋아했다.

55성수 님은 항상 경우의 수를 나열했다. 집짓기를 시작하면 준공 이후, 세금과 매도 전략, 그 이후의 이후까지의 시나리오를 그리는 분이다. 신축 집짓기를 한 번도 해 본 적 없는 우리가 어떻게 그 끝과 그 이후를 어떻게 알 수 있을까 마는 55성수 님은 확실히 달랐다. 완벽주의자라고 할 만했다.

부동산 시장은 투자자와 정부 사이에서 부동산 정책과 대립한다. 하루가 멀다고 규제정책을 내놓을 때였다 그 와중에도 55성수 님은 늘 분석하고 '만약의' 시나리오까지 예로 들면서 우리 스터디 멤버들한테 세세히 알려주었다. 여기저기 다양한 사례도 찾고, 부동산 강의나 책에서 얻은 좋은 정보나 팁은 항상 메모해서 모임에 공유해 주었다.

평소 연구실 책임자로 직장 생활을 하고 있는 55성수 님이지만 실행력 하나는 남달랐다. 한번은 가산 디지털 2호선 전철역 단체 임장 후 바로 그 자리에서 지식산업센터를 바로 매입해 개인 사무실로 꾸민 일도 있었다. 이후 아파트 분양권과 지식산업센터 여러 채를 매입하는 왕성한 투자 활동을 시작했다. 그와 함께 걱정은 몇 제곱

근으로 늘어가는 듯했지만 말이다.

55성수 님은 기나긴 고민 끝에 동작구에 토지매입을 했다. 한 발 더 나가 지하 주거 시설을 복층으로 만들어 차별화를 두기 위해 일반 신축건물보다 땅을 더 깊게 파기 시작했다. 경험이 없었던 신축 스터디 멤버들은 알고나 있었을까? 땅의 깊이만큼 시름의 깊이도 깊어진다는 것을.

아니나 다를까. 신축공사를 시작하면서부터 신축 스터디 단톡방은 뜨겁게 불타올랐다. 그 중심에는 55성수 님의 걱정 어린 질문들이 있었다. 사실 처음 해보는 신축 집짓기인데 어느 누가 걱정 없이 공사를 할 수 있을까?

우여곡절 끝에 동작동의 신축이 완공되어 갈 때쯤 성수동 토지를 하나를 더 매입했다는 소식도 들려왔다. 2021년부터 "앞으로는 성수동이 뜰 거 같다."라고 입버릇처럼 외치더니 첫 신축이 마무리되기도 전에 토지를 매입한 것이다. 2021년 당시 55성수 님이 흥분해서 이야기했던 기억이 선하다. "성수동은 평 5천만 원에도 물건이 없는데 정말 운이 좋았다."라며 기뻐했고, 우리 스터디 멤버들은 너나 할 것 없이 모두 축하해주었다. 그렇게 55성수 님은 성수동 토지 계약을 했고, 두 번째 신축을 이미 마음속에 계획하고 있다. 토지를 산다는 건 신축을 한다는 의미이기 때문이다. 처음부터 꼼꼼히 준비하고 계획하고 모든 시나리오를 대비하니 두 번째 신축도 바로 들어간다며 모두의 부러움을 한 몸에 받았다.

55성수 님은 소개받은 토지의 계획설계(가설계)를 다양하게 많이 받는다. 또 설계비에 돈을 아끼지 않는다. 이미 정해진 토지에 어떤 건축물을 올릴 수 있을지는 오직 설계사 손끝에서 나와야 알 수 있다. 기계가 아닌 사람이 하는 작업, 그러다 보니 각자의 습성이 있을 수밖에 없다. 당연히 여러 건축사 사무실에 많은 가설계를 받아 봐야 건축주가 원하는 인생신축 도면을 받아 볼 수 있는 것이다.정말 사랑하고 멋진 건물을 올리기를 원한다면 계획설계비를 아끼지 말아야 한다. 건축주 스스로가 공부하고 준비되었다면 허가방(구청 허가만을 위해 설계를 해주는 설계사무실, 가성비 최고)을 이용해도 괜찮지만, 신축 초보분들의 노력과 다양한 경험을 해야 가능한 일이다.

우리가 이렇게 신축 이후에도 연을 유지하며 계속 서로를 응원해 주는 원동력은 바로 신축 스터디다. 스터디 자체의 내용이나 강사도 좋아야 하지만, 신축 동기생을 만들어 주는 자리임을 다시 한번 느끼게 된다. 옆에서 함께 정보를 공유하고 동기부여를 해주는데 어찌 선한 영향력이 아닐까? 옆에서 지켜볼 때는 별 탈 없이 다들 신축 집짓기를 하는 것 같지만, 어느 한 분 편안하게 신축한 분은 본 적이 없는 것 같다.

서울에만 건물 2채를 가진 어엿한 건물주가 된 55성수 님의 도전은 끝이 없다. 성수동에서 사업까지 구상하고 있기 때문이다. 주어진 토지에서 다양한 계획설계로 어떤 건물을 지을지 노하우도 멋지지만, 역시 자기 신축건물에서 사업을 한다는 건 또 다른 영역이지만 인생선물이라고도 할 만하다. 최소한 월세가 나가지 않으니 웬만해선 망하기 힘들기 때문이다. 내가 하고 있는 신축1호점의 무인빨래방과는 비교도 안 되는 사업을 핫플 성수동에서 하고 있는 대치동 반포가이 스마일맨 55성수 님을 응원한다.

대부일타강사, 완전홀림 님

처음의 인연은 블로그였다. 댓글과 공감으로 소통하며 인연이 시작되었다. 이후 같은 신축 스터디를 수강했고, 다른 강의에서도 우연히 마주치며 인연이 이어졌다. 지방의 한 중소기업에 다니지만 전업투자자로 퇴사하는 게 꿈이라는 완전홀림 님(blog.naver.com/jautumn0225)이다.

신축 수업을 같이 들었다고 스터디 모임에 들어오고 싶다고 했다. 나 역시 이미 모임에서 몇 번 소개도 했었다. 젊은 패기가 모두의 마음에 들어서 흔쾌히 합류를 받아들이게 되었다.

완전홀릭 님은 진취적이었다. 말 그대로 강의 하나를 수강하면 바로 실행했다. 부평의 아파트, 천안의 아파트, 부산의 재개발을 바로 매수했다. 한 달에 한 번씩 정기적으로 모이는 본인의 투자 발표에서 매번 투자 물건이 늘어났다. 계획을 세우는 것에서 그치지 않고 실행에 옮기는 것을 망설이지 않았다. 투자 후에도 시장을 모니터링

하고 필요에 따라 조정하며 최적의 결과를 도출했다.

신축 집짓기나 부동산 투자에 성공하기 위해서는 철저한 계획이 필요하다. 투자의 목적과 예산, 리스크 관리까지 고려해 구체적이고 실현 가능한 계획을 세워야 한다. 완전홀릭 님은 우여곡절 끝에 목동 쪽 토지도 매수해서 신축을 이루어냈다. 목동의 신축을 준공하자마자 바로 매도치는 기술까지 보여주었다. 처음 자기자본이 모자라면 신축과 매도를 반복해서 자기자본 투자금을 늘려야 하는 게 기본인데, 이 기술을 바로 적용해서 투자금도 확보했다. 신축의 경험도 한 사이클을 먼저 이루어 낸 것이다.

하지만 이후 신축 집짓기는 본인 성향과 너무 맞지 않는다며, 다른 꿈을 이야기했다. 그간 다양한 부동산 강의를 들으면서 풍부한 경험을 가진 투자자들과 네트워킹을 해왔던 완전홀릭 님. 자신은 대부업을 하고 싶다고 말했다.

기회는 누구에게나 찾아온다. 하지만 아무것도 안 한다면 아무 일도 일어나지 않는다. 이 말은 완전홀릭 님을 두고 하는 이야기 같다. 부동산 투자, 신축, 그리고 대부업까지 자신이 목표한 바를 이루기 위해 끊임없이 실행하는 완전홀림 님, 여전히 진행형인 투자자의 표본이다.

신축 공부하다 벼락부자 된 바지반장

우여곡절 끝에 모인 스터디 멤버는 정말 최고였다. 프로 수강자(!)로서의 투자 노하우와 부동산에 대한 깊이 있는 지식을 가진 이들과 함께하니, 그저 귀를 기울이는 것만으로도 큰 도움이 되었다. 서로 강의에서 들은 이야기를 나누며, 유튜브 등에서 본 흥미진진한 이슈에 관해 털어놓으며 돈독한 관계가 만들어졌다.

부동산 투자와 신축 집짓기는 지속적인 학습이 필수적이다. 스터디 그룹이나 세미나 참여를 통해 최신 트렌드, 법률 변경 사항 등을 학습하고, 동시에 다른 투자자들과의 네트워킹을 통해 경험을 공유하고 협력의 기회를 찾아야 한다.

이런 면에서 스터디 모임의 리더, 반장은 경험을 나누는 데 적극적이었다. 한번은 자신이 들었던 강의가 좋았다며 가산디지털 지식산업센터로 임장 투어를 주선했다. 그날의 임장은 정말 신기하고 재미있는 경험이었다. 선두에 선 반장은 이미 그 지역 지식산업센터에 투자해 신문사에 임대를 주고 있었고, 우리에게 입지 분석과 함께 수강생들에게는 팔리지 않는 부동산을 열심히 소개하려는 나쁜 강사 이야기까지 솔직하게 풀어냈다. 또한 미리 준비한 부동산 중개업소 몇 군데를 통해 인근 지역의 공실 상황과 수익률을 직접 확인하는 기회도 얻었다.

모든 부동산 투자나 신축 프로젝트는 철저한 시장 분석과 입지 선정, 수익성 계산을 통해 이루어져야 한다. 잘못된 판단이나 준비 부족은 큰 손실로 이어질 수 있으므로, 실제 투자 전에는 다각적인 검토와 준비를 선행하는 것이다. 반장은 세세한 부분에 강한 모습을 보였다. 매주 주어지는 과제 준비와 발표 면에서 돋보였던 그는 남다른 아우라를 가지고 있었다. 그의 열정과 정확한 준비는 멤버 모두에게 인정받았다.

반장이 스마트스토어 창업을 준비까지 병행했다. '1인 법인'과 '스마트스토어'가 당시 대세였고, 그는 이 트렌드를 잘 따라갔다. 그의 스마트스토어는 점차 성장해 실제로 큰 매출을 기록했다. 나는 그의 영업 비밀이 무엇인지 궁금했었다. 어느 날, 스마트스토어에 올릴 동영상 촬영 현장을 방문했는데, 그의 전문성과 열정에 다시 한 번 놀랄 수밖에 없었다. 그는 10초짜리 영상을 5시간 넘게 촬영하면서도 지치지 않았다. 결국 그의 스마트스토어 아이템 중 하나가 크게 히트해 그야말로 '돈벼락'을 맞았다.

이 모든 과정을 함께 지켜본 스터디 멤버들은 크게 기뻐했다. 반장은 신축 건물을 제외하고 모든 것을 가진 부자가 되었다. 하지만 아직 신축 건물은 지어보지 않았다. 농담 삼아 '바지반장'이라는 말이 딱 자신을 가리키는 것 같다고 말한다. "반장님, 한 번에 빌딩을 지으면 반칙입니다. 그런데도 정말 부럽고 멋집니다!"

신축 집짓기든 스마트스토어든 디벨롭의 출발점은 동기 부여와 선한 영향력. 두 가지가 전부다. 누구를 어떻게 만나서 얼마의 시너지를 내느냐가 이론보다 더 좋은 과정과 결과를 가져온다. 우리가 뭉치고 즐기고 공부해야 할 이유가 여기에 있다. 어떤 이유든지 먼저 시장에 진입한 사람이 선배다. 신축 투어도 이런 의도로 계속 만들어가고 있다. 간접 경험을 최대한 많이 경험해보자. 선행 투자자에게 듣는 말 한마디는 어느 강의나 교과서에도 없다.

아무튼 나는 아파트보다 신축을 선택했다

아파트와 단독주택

왜 아파트에 열광할까? 일단 편하다. 주변에 마트, 병원, 전철역, 학교 등 생활하는 데 필요한 것이 전부 있다. 거기에 환급성도 좋다.

2015년 중반부터 갭투자 열풍을 시작으로 부동산은 대세 상승하기 시작했고, 한 번 얻어맞은 나는 이쪽은 쳐다보지도 않고 묵묵히 신축 준비와 공부에 매진하고 있었다. 시장에 뛰어들지 못해 아쉽게 느껴지는 때도 있었지만 흔들리지 않았다. 2020년에 들어 전국은 어디라고 할 것 없이 뜨겁게 달아올랐고, 세금 이슈와 맞물려 더 좋은 아파트 하나만 남긴다는 의미로 '똘똘한 한 채'라는 수식어까지 등장했다.

조용히 일부 지역 아파트만 오르면 좋으련만, 이렇게 전국적으로 아파트 가격이 오르면 결국 단독주택 매매 가격도 오를 수밖에 없다. 신축하려는 입장에서 안타까운 일이다. 단독주택 가격이 오르면, 신축을 위한 매수 비용이 올라가고, 결국 총비용이 올라간다.

여기서 하나 배울 점은 아파트 가격이 오르면 인근 단독주택 가격도 오른다는 진리다. 그런데 아파트 호가처럼 단독주택 지가의 상승 속도는 빠르지 않다. 아파트 가격이 오른 만큼의 속도를 쫓아가지 못한 지역의 단독주택을 매수하는 것이 포인트다. 이걸 어떻게 찾아내야 할까? 첫째, 꾸준히 관심 지역을 모니터링하고, 둘째, 수익률을 계산해봐야 한다.

예를 들어보자. 한 지역에서 신축빌라를 얼마에 분양하는지 전단지나 모델하우스를 방문하면 알 수 있고, 그 위치에 토지를 얼마에 매매했는지도 몇몇 앱으로 쉽게 확인할 수 있다. 이 두 가지만 알면 쉽게 수익률을 계산할 수 있으니, 간단하게 살펴보자.

신축빌라의 분양가를 알면 전용면적 평단가를 구할 수 있다. 이 가격이 이 지역 신축 평단가다. 또 디스코(www.disco.re)나 밸류맵(www.valueupmap.com) 같은 앱을 이용해서 얼마에 매수했는지 확인해 전체 매수가격의 면적으로 나누면, 이 지역의 평당 토지가격을 알 수 있다. 이제 신축빌라의 건축물대장을 살펴보자. 연면적과 각

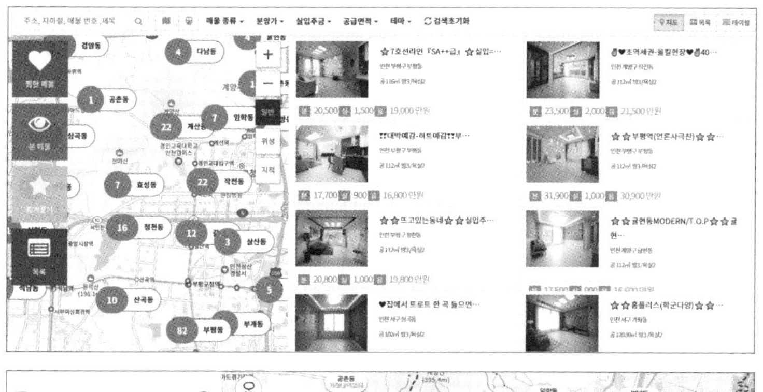

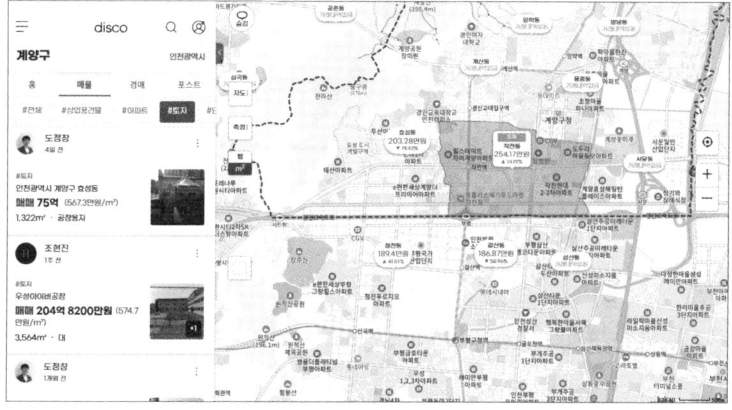

빌라 분양가(위)와 토지 매매가(아래)를 알아볼 수 있는 사이트

자료: 빌라게이션(villagation.com), 디스코(disco.re)

호실의 면적과 몇 세대인지 확인할 수 있어 총분양가를 예상할 수 있다. 그런 다음 평당 시공비를 900만 원으로 가정해 수익률까지 구할 수 있는 것이다.

즉 신축하기 전 토지를 매수하는 단계에서 가설계를 통해 어떤 구조의 방을 몇 개로 뽑을지 알 수 있고, 지역의 평당 분양가까지 알 수 있으니, 구입한 토지에서 수익이 나는지 안 나는지를 미리 계산해볼 수 있다.

신축, 토지가 귀해지고 있다

시장가격은 철저하게 수요와 공급, 이 두 가지가 전부다. 공급이 없다고 이야기한다. 왜 공급이 없을까? 주변에 놀고 있는 땅들이 눈에 보이는데 땅이 없다고 한다. 아파트를 지을 대규모 토지가 없는 것이다. 수요를 만족시킬 대규모 공급이 이루어질 큰 토지가 없다고 이해하면 된다. 대안이 바로 필요한 공급을 도심 안에 하는 재개발과 재건축이다. 정부 주도로 개발 속도를 올리겠다고 한다. 모두 아파트다.

단독주택은 40평이든 50평이든 아파트 지분과는 차원이 다르다. 모두 내 땅이다. 30평 아파트의 대지 지분은 5평도 안 되는데 말이다. 무슨 말이냐면 대규모 아파트를 계속 공급하는 데 초점을 둔 공급이 목표라면, 개인이 소유할 수 있는 토지는 점점 더 귀해진다는 뜻이다.

소규모 신축을 지으려고 해도 토지 40평은 있어야 사업성이 나온다. 아파트로 공급물량을 채우기 위해 온통 아파트를 지으려고 애를 쓰고, 부지를 확보하려 한다. 모두 아파트를 지으려 하니, 단독주택 같은 토지가 귀해지고 있다. 아파트가 아닌 현금흐름을 만들면서 살 수 있는 토지를 구하고 보유하는 자체가 멋진 부동산 투자가 아닐까? 더욱이 거주와 현금흐름 두 가지 모두를 가질 수 있으니 말이다.

신축은 정부 정책의 동반자

정부는 수요와 공급이라는 관점에서 보기보다 '투자자는 투기꾼'이라는 관점에서 대출 규제라는 방법을 선택했다. 중산층은 오히려 부의 사다리가 끊어져 나간 느낌을 받는다. 서울아파트 매매가 6억 원은 이제 전세 임차비 정도밖에 되지 않는다. 신축의 대출 규제는 어떨까?

신축은 대출에 대해서도 자유로운 편이다. 건축주의 신용과 월 상환능력을 보기는 하지만, 그렇게 까다롭게 않다. 왜일까? 신축은 집을 짓는 공급자 측면에서 정부 편이기 때문이다.

보통 노후한 빨간벽돌집을 매수해서 잔금을 치르고, 신축을 위해 집을 철거한다. 바로 이 철거 부분이 중요하다. 철거되는 조건으로 구축 매수 시 신축 조건으로 대출이 이루어지는 게 포인트다. 그래서 잔금 후 며칠 안에 반드시 철거해야 하고, 은행에 증거사진과 서류(건축물대장 말소신청서)를 제출해야 한다. 우리는 신축을 위해 대지를 매수한 것이지, 구축을 매수해서 어떻게 해 보려는 것이 아니기 때문이다. 주택 대출이 아닌 토지 대출이다.

세제 혜택 또한 건재하다. 흔히 알고 있는 임대사업자는 '매입임대사업자'를 말한다. 기존에 분양하는 집을 매수해서 임대사업 형태로 운영하겠다는 것으로, 집을 새로 짓는 것과는 근본이 다르다. 신축해서 임대로 이어지게 하는 것이 바로 '건설임대사업자'다. 건설임대사업은 취득세, 재산세, 종부세 그리고 양도세까지 세제 혜택이 건재하다.

주택 임대사업자 취득세 감면

면적기준	감면	지원요건
60m² 이하	취득세 면제 ※세액 200만 원 초과 시 85% 감면	- 공동주택을 신축, 공동주택 및 오피스텔을 최초 분양한 경우 - 분양의 경우 취득가액 수도권 6억 원, 비수도권 3억 원 이하 - 취득일로부터 60일 이내 임대사업자 등록 필요 - 2024년 12월 31일까지 감면신청 시 혜택 제공
60~85m²	50% 감면 ※임대주택 20호 이상 등록 시	

주택 임대사업자 재산세 감면

구분	임대사업자에 대한 감면	장기일반민간임대주택 등에 대한 감면
감면대상	공동주택, 오피스텔	공동주택, 오피스텔, 다가구주택 (40m² 이하)
등록세대 수 요건	공동주택과 오피스텔 합계 2세대 이상 등록	공동주택 2세대 이상 또는 오피스텔 2세대 이상 또는 다가구주택(40m² 이하) 1세대 이상
주택가격 요건	(공동주택) - 매입 시 수도권 6억 원, 비수도권 3억 원 이하 - 건설 시 수도권 9억 원, 비수도권 3억 원 이하 (오피스텔) - 수도권 4억 원, 비수도권 2억 원 이하	(공동주택) - 매입 시 수도권 6억 원, 비수도권 3억 원 이하 - 건설 시 수도권 9억 원, 비수도권 3억 원 이하 (오피스텔) - 수도권 4억 원, 비수도권 2억 원 이하
감면율	- 40m² 이하: 면제 ※ 세액 50만 원 초과 시 85% 감면 - 60m² 이하: 50% 감면 - 40m² 이하: 25% 감면	- 40m² 이하: 면제 ※ 세액 50만 원 초과 시 85% 감면 - 60m² 이하: 75% 감면 - 40m² 이하: 50% 감면

주택 임대사업자 종합부동산세 합산배제

구분	등록일	대상	주택수	면적	공시가격*	의무기간	임대료
건설 임대	'05.1.5. 이전	전 유형	전국 2호 이상	국민주택 규모** 이하	3억 원 이하	5년 이상	-
	'18.3.31. 이전		시도별 2호 이상	149m^2 이하	9억 원 이하	5년 이상	증액율 5% 이하
	'20.8.18. 이전	장기 일반	시도별 2호 이상	149m^2 이하	9억 원 이하	8년 이상 증액율 5% 이하	
	'20.8.18. 이후	장기일반 (非아파트)***	시도별 2호 이상	149m^2 이하	9억 원 이하	10년 이상	증액율 5% 이하
매입 임대	'05.1.5. 이전	전 유형	전국 2호 이상	국민주택 규모 이하	3억 원 이하	5년 이상	-
	'18.3.31. 이전		전국 1호 이상	-	6억 원 이하 (비수도권 3억 원)	5년 이상	증액율 5% 이하
	'20.8.18. 이전	장기일반	전국 1호 이상	-	6억 원 이하 (비수도권 3억 원)	8년 이상	증액율 5% 이하
	'20.8.18. 이후	장기일반 (非아파트)	전국 1호 이상	-	6억 원 이하 (비수도권 3억 원)	10년 이상	증액율 5% 이하

* 전용면적 85m^2 이하. 단 수도권을 제외한 도시지역 외 읍면지역 100m^2 이하

** 해당 주택의 등록년도 과세기준일 현재 공시가격

*** '20.7.11. 이후부터 장기일만민간임대주택에서 아파트 제외

다만 신축이라고 모두 세제 혜택이 있는 것은 아니다. 분양을 목적으로 하는 다세대주택의 혜택이 제일 좋고 개인 단독주택은 세제 혜택이 미비하다. 왜 이런 혜택을 주는 것일까?

민간 주도의 공급을 장려한다고 볼 수 있다. 신축하고 건설임대사업 10년이면 양도세 혜택을 받아서 매도 시 이익이 남게 되고, 매년 납부하는 재산세는 내지만 종부세 합산배제되어 몇천만 원 세금을 아끼고도 양도세 혜택을 보니 알고 나서는 안 할 수 없는 조건들뿐이다.

신축으로 건설임대사업은 나라에서 인정해주는 사업으로 단기와 장기 구분 없이 10년을 해야 한다. 중간에 매매해 임대사업자가 바뀌는 양도에 대해서는 허용하지 않는다는 점을 유의하자.

확실한 수익이 보이는 신축

신축의 매력은 이 하나로 설명된다. 주거와 현금흐름, 조건에 따른 수익이다. 신축해서 거주까지 하게 된다면 따로 건물관리업체에 맡기지 않아도 된다. 무주택자라면 세제 혜택을 보면서 내가 지은 신축건물에 살면서 최고의 혜택을 누려보자. 청약에 목매면서 '줍줍'의 행운을 꿈꾸는 것보다 빠르고 현명하다.

현금흐름이 더 중요하다면 본인의 주거를 다음으로 미루면 그만이다. 그만큼 현금흐름(월세수입)은 더 많아진다. 사실 이렇게 더 많아진 현금을 가지고 평소 살고 싶은 지역의 아파트에 입주해서 월세로 살면 더 편할 수도 있다.

공격적인 투자자라면 신축공사로 투입한 자신의 자본을 회수하고도 더 금액을 보탤 수도 있다. 전세임차를 활용하는 경우다. 만약 전세 임차인을 많이 받아 본인의 투자금과 그 이상의 자금을 회수하더라도 반드시 신축건물 운영비용과 신축건물에 남아있는 몇몇 담보의 이자 비용 이상을 월세 비용으로 충당하게 만들어두는 편이 좋다.

이 모든 계획은 신축 입지와 계획, 현금구조를 내가 원하는 대로 정할 수 있으니(전/월세 구성비) 가능한 일이다. 단언컨대 신축은 오히려 무주택자에게 더 없는 기회다. 세금은 무주택자와 1주택자에게는 큰 제재가 없다. 정부에서는 오히려 무주택자는 열심히 밀어주고 있다. 필요한 집을 스스로 지어서 원가로 신축건물을 갖고 세제혜택을 받으며 노후 준비까지 한 번에 해결해줄 수 있다니 정말 매력적이지 않은가.

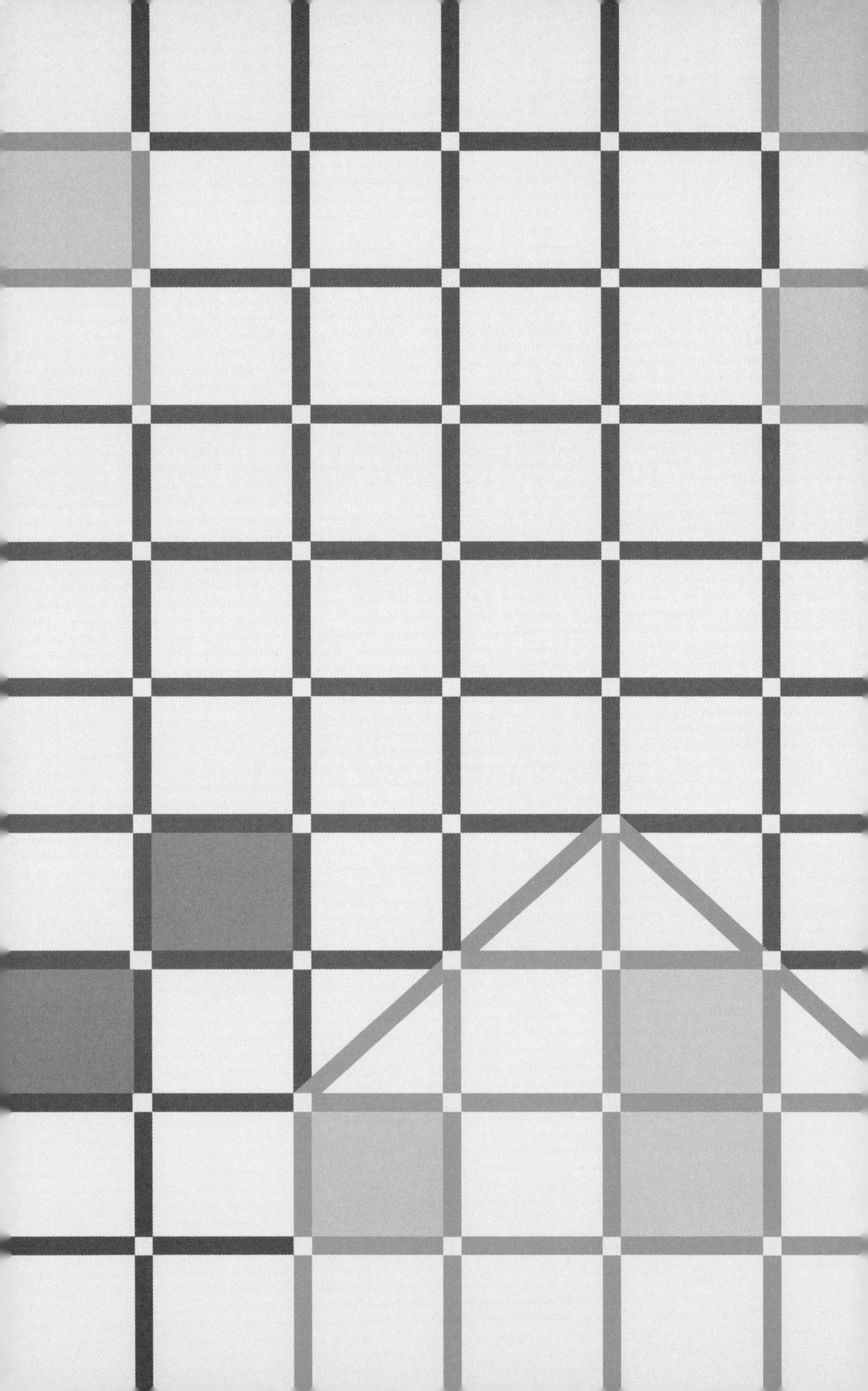

PART2

내 집 짓기, 어떻게 준비할까?

한눈에 보는 신축 과정

신축은 어떻게 진행될까? 본격적인 이야기를 시작하기 전 그 과정을 한번 알아보자.

신축의 물건적 공정은 다음과 같다.

구축 매수 – 구축 철거(이후 나대지 상태) - 측량 - 터파기 - 기초 바닥 타설 - 꼭대기 층까지 골조공사(토목과 철근+시멘트 공사) - 내장공사(창호, 보일러, 인테리어, 각종 부자재 시공) - 수도/가스/전기 공식 인입 - 준공 - 취득세 납입(구청) - 등기(지역 등기소) - 임대 - 관리

물론 전후로도 알아야 할 과정이 있다. 지금부터 간단하게 알아보겠다.

공사 전 단계

구축 매수 전 계획설계

구축 매수 전, 보통은 계약서 작성 전에 미리 계획설계(가설계)를 미리 받아서 신축 시 수익률이 잘 나오는지 미리 검토한다. 매수 전 반드시 해야 하는 과정이다. 계획설계는 최소 세 군데 이상 받도록 하자. 설계사마다 구조와 특징이 다르기 때문이다. 설계사 능력에 따라 주차 대수가 줄어 들고, 방 개수가 늘어나기도 한다.

또 신축하려는 지역에 연고를 둔 건축사가 그 지역만의 자치법규에 대한 적용과 통상적으로 허용되는 것들을 제재하는 특성을 제일 잘 안다. 같은 지역에서 해당 지자체가 다르다는 이유로 정해진 주차법을 더 강화시키는 곳도 있고, 퀵보드 보관함을 만들어야 하는 곳도 있다.

물론 가장 중요한 것은 건축주가 원하는 방향이다. 어떤 주택을 어떻게 운영하고 싶은지, 방 개수와 평형을 어떻게 할 것인지를 미리 정해야 한다. 근생(근린생활시설)이 가능한 자리이거나 어떤 특징을 원한다면 분명하게 전달해야 원하는 도면을 받아볼 수 있다.

계획설계를 받는 요령

☑ 지도앱 이용하기

해당 지역 구청을 기준으로 검색해보면 건축사 사무실을 검색해보자. 어떤 집을 지을 건지 의도가 무엇인지를 간단하게 이야기한 다음 가설계를 요청하면 된다. 이때 공짜를 바라지말자.

☑ 지자체 홈페이지 활용하기

해당 구청 홈페이지도 적극 활용하자. 지자체마다 홈페이지 구성이 다르지만 구청 홈페이지에 들어가면 신축 인허가와 준공에 관한 공시가 건축과 기준으로 매달 공지한다.

☑ 그 외 유료 플랫폼 사용하기

랜드북 유료 서비스, 집짓기 플랫폼 유료 서비스 등이다. 검토 단계에서 가설계를 부탁하는 비용이 아깝게 느껴질 수는 있지만, 어느 정도 감이 올 때까지는 비용이 생각해야 합니다. 한번 신축은 최소 10억이 넘는 대공사다. 몇십만 원을 아까워하지 말자.

구축 매수 후 시공사 선정

계획설계 받은 도면이라도, 아니면 본 설계 도면이 구체적일수록 시공사와 대화가 수월하다. "평당 얼마면 신축을 해줄 수 있느냐?"라는 말이 입 밖으로 튀어나오는 순간 호구가 된다.

설계도면은 어떻게 무엇을 할 것인지 문서화된 그림판이다. 건물의 크기(연면적)와 모양, 방 개수가 몇 개이고 몇 평인지 주차 대수까지 정확하게 명시되어 있다. 하지만 어떤 자재를 사용할 것인지 명시되어 있지 않기에, 도면에 없는 공사 면적이 있기에 시공사에 따라 문제가 될 수 있다. 도면이 나왔어도 최소한 어떤 외장재를 사용할 것이고 창호는 어느 급을 사용할 것인지 정도는 정해야 한다. 시공사 사무실을 방문해볼 필요도 있다. 8개월 이상 같이 작업을 해야 하기에, 내 편이 되어줄 시공사인지 대화를 나누며 합이 맞는지도 봐야 한다.

그러면 시공사를 어떻게 선택해야 할까? 만약 신축하려는 지역에 최근 지어진 신축이 있다면 눈여겨보자. 건물등기부등본을 열람해 건축사와 시공사 등을 확인할 수 있다. 꼭 해당 업체를 이용할 필요는 없지만 최소한의 가이드라인으로 생각해보자. 또한 지자체 홈페이지를 검색해보는 방법도 있다.

구축 철거

철거 전 반드시 정화조청소필증이 있어야 한다. 지자체마다 다르겠지만, 철거 전 정화조를 비우지 않으면 철거업체도 일할 수 없다. 정화조 청소예약도 보통은 한 달에서 한 달 반 정도 걸리니 미리 확인해야 한다.

철거 전에 수도, 전기, 가스 라인을 시공사에서 클로즈(close) 작업을 한다. 통신선은 건축주가 챙기자. 만약 정리가 안 되어 철거 시 주변 인터넷에 문제가 생기면 민원이 빗발칠 것이다.

철거는 기존 집을 부수는 것이 전부가 아니다. 철거 후 폐기물 반출, 기초공사를 위한 토지 바닥 파기(터파기)까지가 철거업체가 해야 하는 일의 범위다. 밑바닥 기초공사 시작 전 1.5미터까지는 파주고 흙까지 실어 내야 비로소 기초바닥 공사를 할 수 있는 것이니, 철거업체를 직접 대면하고 계약을 한다면, 이 부분까지 명심하자.

측량

철거 후 대지만 남은 상태에서 측량한다. 측량도 사전 예약을 반드시 해야 한다. 물론 시공사가 스케줄을 잡지만, 서로 확인하는 편이 좋다. 보통 한 달 이상 대기가 걸려 있다. 홈페이지나 전화로 예약할 수 있다.

골조 공사

골조 공사는 건물의 외관을 이루는 골격공사로 토목공사팀과 철근공사팀 두 팀이 합을 맞추어가며 공사를 진행한다. 터파기 이후 맨 땅 위를 다지고 그 위에 철근을 엮고 나서 거기에 시멘트를 부으면 바닥이 만들어진다. 이후에 옆면에 판을 세운 후에 다시 시멘트를 부으면 벽이 만들어지고, 이렇게 한 층 한 층이 올라간다.

다음 사항을 공사 전에 생각해두자.

에어컨 냉기배관과 배수는 어떻게 처리할 것인가?

설계단계 전부터 어떻게 처리할 것이지 미리 정해야 한다. 보통 옥상으로 실외기를 올린 후 각 방에 실외기를 연결하는데, 설계단계에서 구상해야 골조공사 때 배관구멍을 미리 만들어 놓는다. 배관구멍을 미리 만들지 않으면 따로 타공기사를 불러야 한다. 또 에어컨 가동 시 배출되는 물 배관도 어디로 빼야 할지 설계단계부터 건축사와 의논하고 시공회사와 상의해야 한다.

전기코드와 등기구를 위한 배선들은 여유 있게 만들었는가?

전기코드를 여러 개 놓지 않으면 전기리드선만 여러 개를 주렁주렁 만들어야 한다. 천장 어디에 조명을 두어야 할지도 결정해둬야 마무리 공사 때 애를 먹지 않는다. 골조 공사를 하면서 벽이 만들어지기 전에 배선 작업을 해야 하기 때문이다. 물론 골조 공사가 끝나고 나서도 설비공사는 가능하다. 다만 돈이 몇 배로 든다는 점을 감안하자.

내부 공사

번듯한 외부 작업이 완성되어 갈 때쯤 내부에 집중해야 한다. 건축주가 신축공정을 하나하나 세세하게 알 필요는 없지만, 전체적인 공정을 알고 있으면 여러 가지로 편하다.

보일러 배관 공사 및 바닥 마무리

골조 공사는 건물의 뼈대를 만들어준다. 뼈대 안에는 이미 수도관, 전기배선들이 모두 건축주의 요구와 설계대로 만들어졌다. 이제 수도관을 보일러에 연결해 보일러 배선을 깐다. 기포, 방통 작업이라 한다. 보일러 배선이 만들어지고 이 배선 위에 방통(콘크리트 작업) 작업을 하면 비로소 방바닥이 만들어지는 것이다.

내부에 보일러 배선을 깔았으니, 공사 마무리 단계에 보일러만 달아주면 따듯한 방과 샤워를 할 수 있게 된다. 현관문을 달고 복도와 계단에 돌을 깔고 정리하면서 모든 공정은 마감을 향해 달리는 것이다.

가구 배치 및 가전

시공사와 계약 시 가구 공사까지 포함된 견적인지 가전 모두 설치하는 조건인지 확실하게 해 두어야 한다. 아마 설계도면에 나온 대로 가구 배치를 위해 모든 공사가 진행되었을 것이다. 즉 세탁기를 그려놓은 곳에는 수도 공급 배관과 하수관이 있고 전원 사용이 용이하게 전기코드가 있을 것이다. 냉장고를 그린 벽 쪽에는 전원코드가 있고, 화장실 문을 열면 세면대가 먼저인지, 좌변기가 먼저인지 도면에 따라서 배관들이 준비된다. 어떤 모양의 집을 지을지도 머리아

픈데, 가구 배치까지 신경 써야 하니 힘들 수 있다. 설계도면이 중요함은 여기서도 드러난다.

준공 준비와 등기

준공 준비

내부 공사까지 마치고 주차장 바닥과 신축 앞 도로까지 포장이 완료되었다면 건축주는 준공 준비와 임대를 위한 홍보전략을 짜야 한다. 준공 준비 서류는 보통 시공사에서 다 알아서 해줄 것 같지만, 사실 그렇지도 않다. 미리 준공을 서두르고 있음을 시공사와 설계사무실에 표현해야 지지부진한 현장 마무리가 서둘러집니다. 빠른 공사 마감이 공사비용을 최대한 줄이는 것임을 한 번 더 기억하자.

준공에 관한 서류를 확인하며 공사 진행 중 변경된 현장이 도면에 반영되어 수정되었는지 꼭 확인해야 한다. 변경된 현장은 도면에도 변경해서 준공검사를 받아야 한다.

모든 서류가 준비되면 구청에 접수한다. 이때 현장감리가 최종적으로 준공허가 준비서류에 최종 확인 도장을 날인합니다. 그러니 평소 감리사무실과 좋은 관계가 유지해야 한다.

준공 준비가 되어간다는 것은 어느 정도 공사의 끝이 보인다는 이야기다. 이때 건축주는 반드시 임대를 위한 홍보전략을 구상해야 한다.

취득세와 등기

준공이 났다는 것은 신축건물을 사용해도 좋다는 의미로 받아들이면 된다. 이제 건축주 명의로 등기 치면 됩니다. 등기는 등기소에서 하면 된다. 등기할 때는 취득세를 내야 하고, 취득세 영수증이 있어야 신축건물 등기가 가능합니다.

개인적으로 취득세 신고를 건축주가 직접 해보라고 권한다. 물론 법무사에 의뢰하거나 건물 준공 시점에 대출상품을 갈아타게 되는 경우 모든 행정을 모두 은행과 법무사가 대행해주지만(건당 유료), 건축주가 취득세를 준비하면 얻는 것들이 많다.

그중에 제일 큰 소득은 바로 비용 정리와 정산, 복기다. 신축건물을 짓기 위해 토지구매부터 신축공사가 시작되면 얼마의 공사비가 들 거라는 계획이 있다. 실제 신축공사가 시작되면서 마무리 공정과 준공이 나기까지 공사를 진행할 수 있는 건 순전히 건축주의 주머니에서 나온다. 그런데 공정에서 갑자기 발생하는 비용에 관한 처리와 민원 비용에 대해서는 놓치는 경우가 많다.

취득세를 내기 위해 세금계산서를 정산하고 복기하는 과정을 단 한 번이라도 정리해본 건축주와 모든 것을 다 맡기는 건축주와의 경험 차이는 다음 신축을 할 때 드러난다. 만약 큰 금액을 건축주 혼자서 준비하기에 겁이 난다면 외부의 도움을 받으면 된다. 민원에 대한 행정업무 도움은 해당 지자체 담당 공무원과 상의하고, 세금에 관한 전략은 세무사를 지정하셔서 미래 신축건물을 어떻게 할 것이지(매매, 임대, 건설임대등록) 의논하면 된다.

신축하기 전에 목적과 방향성을 강조한 이유도 바로 세금과 관련이 깊다. 신축만 하면 돈 되는 시절은 저물었다. 어떻게 신축에 대해 절세할 것인지 미리 계획이 되어 있어야 신축 과정에서, 그리고 세금 납부와 등기 치는 시점에서 전략적으로 움직일 수 있다. 신축하면서 고민하면 늦는다.

임대와 관리

임대를 위한 홍보 전략

신축에 관심 둔 사람들은 토지를 어떻게 구하는지, 혹은 시공사는 어떻게 잘 선택해서 사고 없이 지어야 하는지에 관심이 많다. 맞는 말이지만 두 번의 신축을 경험하니 이보다 더 관심을 가져야 할 것은 임대라는 생각이 든다. 앞에서도 말했지만 준공 시점이 다가올 때 건축주는 임대를 위한 마케팅 전략에 신경을 써야 한다. 자아실현도 행복도 부자가 되기 위한 여러 가지 이유를 만족시킬 단 한 가지, 임대가 이루어져야 대출금 이자도 내고 현금흐름도 유지된다.

준공 준비가 되면 건축주는 임대를 어떻게 빨리 잘 맞출 수 있을까에 초점을 둬야 한다. 이를 위한 방법을 몇 가지 이야기해보겠다.

첫째, A4 용지에 임대 물건에 대한 특징(신축을 강조)을 작성해 신

멋진 실장님~

신축건물 월세정보. 임차인 구해주세요^^*

1. 주소: 도화동 1## ++번지, 각방전용 6평 통창시공

1. 3층 303호 300/45 500/42 1000/40
302호 5월 10일 이사계획

2. 주소: 주안동 ***-#번지, 각방전용 6평.

1. 101호 공실, 1층, 전용 8평 풀옵, 300/50
203호, 303호 공실, 전용 6평

** 보증금 업 가능

- 옵션:가전일체(맞춤형가구 개인식탁포함,TV,전자레인지, 냉장고, 세탁기, 에어컨, 취사불가)

**관리비 포함내역: 인터넷, 수도, TV, 공동전기

불포함: 전기비,가스(개별난방)비,개인 일반/음식물 쓰레기봉투 각자 구매

**기본 중계수수료 30.

연락처: 왕과장 010 9999 99**

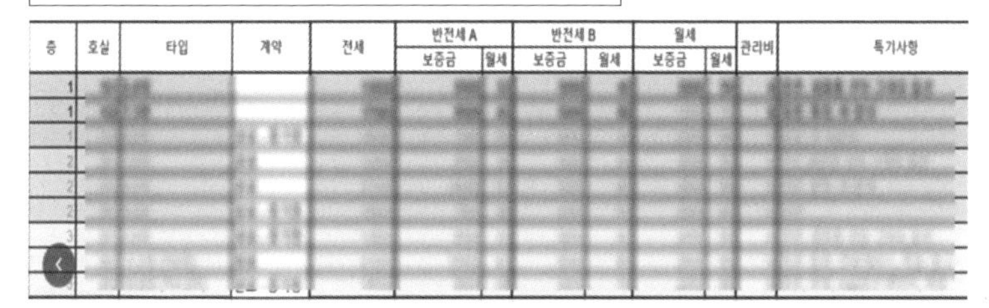

층	호실	타입	계약	전세	반전세A		반전세B		월세		관리비	특기사항
					보증금	월세	보증금	월세	보증금	월세		

중개사무소에 돌릴 전단지 예시

축건물 주변 부동산에 뿌린다. 이때 다음의 사항을 기재하면 좋다. 기재된 요령은 아래와 같다.

1. 각 방의 전용평수
2. 옵션 상태
3. 준공 전 상태로 미리 계약하면 렌트프리(무상 임대) 제공

4. 건축주의 연락처

5. 중개 수수료에 대한 정확한 정보

신축을 완료하면 한 번에 공실이 10개 이상 시장에 갑자기 나온다는 이야기다(원룸 신축일 경우). 그러니 임대를 맞추는 것에 대해 수수료 이상의 수고비를 책정하고 이자 비용이 충당되는 선까지는 어느 정도 협의가 필요하다.

둘째, 전단지를 돌려본다. 전봇대 등에 게시해보았지만 개인적으로는 효과를 크게 느낄 수 없었다.

셋째, 건물 외부 사진을 찍어서 '피터팬의 좋은방 구하기' 등의 SNS에 직접 올린다. 서울은 '공실클럽' 하나면 모든 정보가 공유된다. 그 외 지역은 다른 온라인 사이트를 참고하는 편이 좋다.

등기를 친 다음 세입자를 받는 게 순서이지만, 시장에 내 물건을 홍보하는 것에 대한 기준은 없다. 즉 먼저 내 물건을 어떻게 홍보하느냐에 따라서 빠른 임대가 가능하다는 것이다. 준공서류 준비와 동시에 사진 찍을 모델하우스 방 하나를 먼저 세팅해서 여기저기 홍보해보자.

신축건물 관리

신축건물 방을 빼주는 임대관리는 부동산 중개업소에서 담당하듯이 건물을 관리해주는 업체도 다양하게 생기면서 만족도도 높다. 다만 직접 3개월은 직접 운영해보라고 이야기한다.

신축을 짓고 건물의 하자는 실제 임차인들이 방을 이용하면서 나타난다. 아무리 완벽한 신축공사라고 자부해도 완벽은 없다. 완벽한 AS만이 존재한다. 실사용을 하면서 민원을 이야기해야만 정확한 하자가 보이고, 보수를 할 수 있다. 실제 건물이 지어지고 자리를 잡기까지는 2년의 안정기가 필요하다고 대부분의 시공사와 건축주들이 이야기한다.

나는 신축 현장을 드나들며 설비 및 전기 기술자와 친분을 쌓으라고 조언한다. 보통 하자는 크게 두 가지, 전기와 물이다. 보통 시공사 대표에게 AS 요청이 들어오고, 시공사 대표는 다시 전기나 설비 반장에게 전달한다. 이때 개인적인 친분을 다져놓는다면 좀 더 빠르게 처리되기도 한다.

위탁업체를 이용하는 방법도 알아보자. 부동산 중개업소에서 관리하는 방법과 청소업체를 통하는 방법이 있다. 건물관리라고 해봤자 주목적은 임대다. 중개업소에서 신축건물을 맡게 되면 거의 전속으로 임대를 맞추어주기 때문에 편하기도 하다. 청소 위탁은 철저하게 옵션거래다. 가령 복도 청소만 계약되면 건물 뒤쪽에 쓰레기는 처리되지 않는다. 복도, 계단, 분리수거, 음식물, 소독까지 다양한 선택옵션이 있으니 참고하자.

구축 매수

철거

폐기물 처리

철근

콘크리트

방통

가스 연결

수도 연결

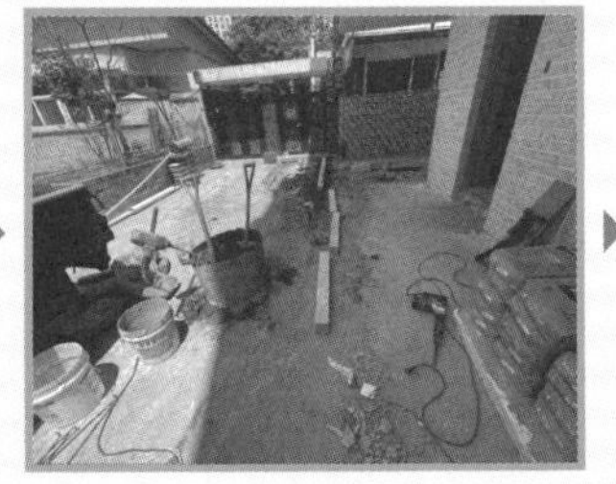

경계석

뒷공사

내부 공사

측량 정화조 타설

외벽 비계 철거 창호

주차장 도로 포장 준공

땅 매수를 위한 부동산 중개업소 찾기

확신에 찬 어떤 중개업소

"날 좀 더 일찍 만났으면 부자가 되었을 텐데." 한 중개업소에 들어갔을 때 이런 말을 들었다. 지금도 그렇지만 자신만의 확신에 차 있는 전문가를 보면 믿음이 가는 건 보통 사람들의 심리인 듯하다. '이게 저게 맞을까?' 하는 불안감에 질문을 던지거나 궁금할 걸 물어볼 때 거리낌 없이 대답하면 어떤 확신을 보여줘서 믿게 만드는 것이다.

인하대는 특이한 입지를 가졌다. 정문에서는 건물까지 한참을 걸어 들어가야 하지만, 후문에서는 1~2분 만에 들어갈 수 있다. 그래서인지 후문 쪽에 상권이 발달했고, 음식점들도 많았다. 한산한 정문 쪽과 달리 학생들도 바글바글하다.

서울과 가깝고 입지도 좋은, 서울보다 토지 매수 비용이 상대적으로 저렴한, 걷다 보니 바로 인하대 후문이 내가 찾던 입지라는 생각이 들었다. 하지만 사람 생각이 다 고만고만하다. 가성비 입지라고 생각했던 인하대 후문은 이미 원룸 공급이 포화 상태였다. 그럼에도 숨은 보석이 있으리라는 믿음으로 구석구석 돌아다녔다.

신축 지을 토지를 찾기 위해서는 구축 매물을 중개해줄 부동산 중개사무소가 필수다. 불쑥 들어간 '모모부동산'의 사장은 호리호리하지만 강단 있게 보였다. 신축할 자리를 보고 있다고 하니 잘 찾아왔다며 반겼다. 근처 몇 채의 원룸 건물을 지었고 심지어 관리까지 하고 있다면서 말이다. 자기 건물과 함께 신축 매물도 여러 채 가지고 있다고 하니, 내가 찾던 전문가가 나왔다고 생각했다. 이미 원룸이 많긴 하지만 아직도 신축 자리는 꽤 있으니 자신과 함께 집을 지어 보자고 한다.

한 번도 경험 없는 예비 건축주는 걱정이 앞선다. 이 사람과 함께 해도 될까? 결론적으로 나는 모모부동산 사장이 소개해준 매물은 사지 않았다. 후에 인근 다른 부동산 사장에게 전해 듣기로 막무가내 진행과 안하무인으로 유명하단다.

천행으로 나는 다른 부동산 사장과 다른 장소에서 신축을 진행하게 되었다. 문득 모모부동산 사장과 진행했더라면 어땠을까 상상해본다. 정말 지금보다 더 큰 부자가 되었을까? 하지만 예비 건축주는 더 많은 사람과 이야기해봐야 한다. 소위 전문가라는 사람의 말만 믿고 성급하게 진행하다 보면 이중 계약서, 부풀려진 공사비용 등으로 뒤통수를 맞기 십상이다. 이미 건축주가 된 분들의 이야기 들어보고 간접경험 하며 천천히 급하지 않게 책이나 모임을 통해 내공을 쌓는 게 그나마 좋은 방법이지 않을까.

믿음을 주는 부동산 중개업소

임장을 다니다 한 건축주에게 행복부동산 이야기를 들었다. 호기롭게 중개업소를 찾았지만 막상 들어가니 말이 제대로 안 나온다. '처음에 어떻게 이야기하라고 했었는데…' '돈은 얼마나 있다고 이야기해야 하나?' '전화로 물어볼 걸 그랬나?' 결국 "신축하려고, 구옥 매매 물건을 보고 있습니다."라며 이야기를 꺼냈다. 원룸을 짓고 싶다고 말이다.

처음의 무뚝뚝한 표정 그대로 책상으로 가더니 서류 한 뭉치를 들고 온다. "이 물건은 안 되고… 음, 이 물건도 좀 어렵고…" 그 서류는 이 지역 구축 매매 물건을 모아둔 것이었다. 그동안 구축 단독주택 매매 물건을 이렇게 많이 가지고 있는 중개업소를 본 적이 없었다. 그 여러 물건 중에서도 3개를 골라 테이블에 깐다. "지금 나와 있는 물건 중에 위치도 가격도 괜찮은 물건이에요."

첫 방문이었고 그냥 스쳐 지나가는 고객이라고 생각할 수도 있지만, 처음부터 성심성의껏 최선의 선택지를 제시해주는 모습에 믿음이 생겼다. 후에 두 번의 신축 토지 물건을 모두 소개받았다. 역시 누구한테나 정성스럽게 성의 있게 마음을 다하면 평생 고객이 되는 것임을 다시 한번 느꼈다.

그러나 행복부동산 사장이 추려 보여준 3개 물건은 내 기준과 맞지 않았다. 감사 인사를 하며 좋은 물건이 있으면 꼭 전화 달라는 부탁과 함께 명함을 전하고 나왔다. 그 덕에 일주일 후 연락을 받을 수 있었다.

신축 집짓기는 종합예술임을 알아야 한다. 한 가지만을 안다고 해서 신축의 시작과 마무리까지 완성하긴 힘들다. 신축의 첫 번째 관문이 바로 '부동산 중개업소 방문하기'가 아닐까? 부동산 중개업소 방문을 무서워하지 말자.

토지 계약 전 해야 할 일들

◆
✚
●

여기다 싶은 운명을 마주하다

회사 점심시간, 행복부동산 사장에게 연락이 왔다. "좋은 위치에 저렴한 매물이 나왔는데 지번을 문자로 넣었으니, 검토해보세요." 지번까지 쉽게 알려주는 경우가 많지는 않은데 '땡잡았다' 싶었다.

지번을 소개받았으니 손품을 팔기 시작했다. 제일 궁금한 건 소개받은 지번의 입지다. 지도 앱으로 바로 확인하기 시작했다. 기본적으로 보는 정보는 다음과 같다.

✓ 지번 앞, 뒤, 옆에 몇 미터 도로가 있는지 확인하기

✓ 대문 앞에 몇 미터 도로가 있는지 확인하기

✓ 전철역과 도보 거리 확인하기

✓ 인근 학교나 관공서, 공원 같은 편의 시설이 있는지 확인하기

✓ 로드뷰로 옆집, 앞집, 뒷집과의 밀착 상태 확인하기(공사 시 문제가 없을지 확인)

특히 첫 번째 항목이 중요하다. 대문(메인 현관 출입문/주 출입문/현관문)은 신축 시 방향을 돌릴 수 있지만, 도로는 내가 어떻게 할 수 있는 게 아니다. 큰 길가는 아니더라도 적어도 차 두 대가 지날 수 있는 도로가 있어야 좋다. 꼭 기억해두자.

그다음 단계로 '토지e음'에서 지번을 확인한다. 땅의 용도지역(주거지역/준공업지역 그리고 1종, 2종 등 종), 건폐율과 용적률, 지구 단위 기타 특이 사항, 「국토의 계획 및 이용에 관한 법률」에 따른 지역·지구, 현황 도로와 앞으로 도로공사 할 주변 위치 등을 확인할 수 있다.

소개받은 지번을 손품으로 분석하고 나니, 실제 현장을 보고 싶어졌다. 하지만 당장 움직이기는 힘드니 로드뷰로 마음을 달랬다.

로드뷰를 보며 상상해본다. 현재 상황이 아니라 앞으로 변화할 길거리와 동네 분위기를 말이다. 예비 건축주를 디벨로퍼라고 하는 이유가 바로 이것이다. 미래를 꿈꾸며 현재의 가치를 가늠하는 투자자이자 공급자이기 때문이다.

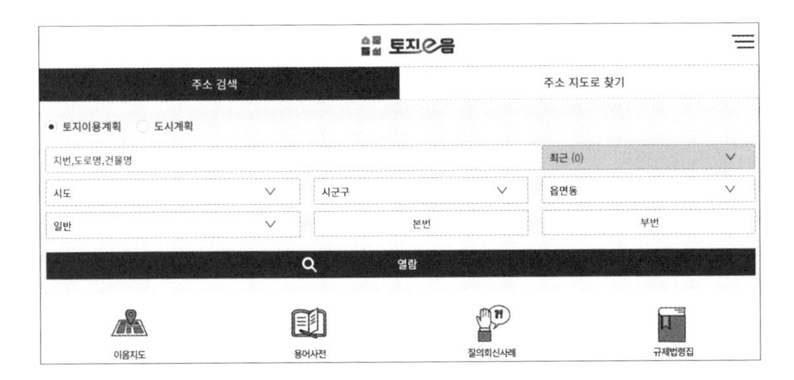

토지e음 홈페이지(www.eum.go.kr)

소개받은 지번은 역세권이면서 구 재래시장을 지나가는 길목에 6미터 도로를 앞으로 두고 있었다. 토지에 관심이 간다면, 이후에 할 일은 간단하다. 소개받은 토지의 '매매 가격'이 적당한지를 판단해야 한다.

토지나 구축을 매매할 때 제일 어려워하는 것이 바로 해당 지역의 토지 가격이다. 아파트의 경우 여러 경로를 통해 실제 거래되는 가격까지 확인할 수 있지만 구축이나 토지는 조금 어렵다. 이때 '디스코'와 '벨류맵' 앱을 활용한다.

토지는 지역마다, 같은 지역이라도 입지에 따라서 매매 가격이 다르다. 먼저 그 동네 지역을 정해서 최근 1~2년 동안 매매된 사례를 살핀다. 매매 물건 중에 소개받은 토지 컨디션과 비슷한 입지의 매매 가격이 이 지역 토지비라고 짐작하면 된다. 그러니 이미 거래되었던 토지 가격의 사례를 평균(평단가)했을 때 소개받은 토지 매매가가 낮은가 비슷한가 높은가 판단할 수 있을 것이다.

수익성 검토를 위한 계획설계

마지막 손품 작업, 가장 중요한 수익성 검토다. 수익성 검토란 구축을 허물고 신축을 지었을 때 얼마의 현금흐름, 즉 수익이 얼마나 나는지를 미리 확인하는 과정이다.

토지e음에서 토지 용도를 확인하고 나면 어떤 집을 지어야 할지는 정해진다. 토지 위에 어떤 모양의 집과 얼마의 공간이 나오는지, 즉 몇 개의 방과 평수(상가로 비유하면 몇 개의 공간과 평수)가 나오는지 알면 수익성을 검토할 수 있다. 이를 위해 필요한 것이 계획설계(가설계)다.

여기에서 고민이 생긴다. '수익성 검토만 할 것인데, 계획설계 한 번에 몇십만 원을 들여야 하나?' 토지를 매수할지 말지, 신축할지 말지 결정도 하지 않은 상태에서 계획설계에 적지 않은 돈을 들인다는 게 망설여진다.

간혹 공짜로 계획설계를 해주는 건축설계 사무실도 있지만, 본 설계 계약을 위한 서비스일 뿐이지 토지를 볼 때마다 요청할 수는 없다. 그래서 나는 직접 해보기로 마음먹었다. MS엑셀을 이용한 것이다. 방법은 블로그를 참고 바란다.

1. 건축개요

구분	입력란	비고
물건명	다중주택	
매물 지번	미추홀구 주안동	
도로 관계	4미터 도로	
토지 매매가	32,500만원	평당 594만원
건폐율 [조례]	60%	
용적률 [조례	250%	
토지대출 연금리	6.00%	
PF대출 연금리	6.00%	
신탁 연금리	5.00%	
평당 공사비	600만원	
PF 평당 대출단가	450만원	
대지 면적	181.00㎡	54.8평
설계도면상 주거 면적	262.98㎡	79.6평
설계도면상 근생 면적	57.72㎡	17.5평
실제 연면적	320.70㎡	97.0평
최대 건축 면적	107.76㎡	32.6평
최대 가능 연면적	452.50㎡	136.9평
주거 주차 계산	2.13대	
근생 주차 계산	.43대	
총 주차 대수	2.56대	

2. 공사 전 투입금액 가늠하기

구분	입력란	비고
토지 매매가	32,500만원	
계약금 10%	3,250만원	
중개 수수료	290만원	
토지 대출금	29,250만원	90% 대출예정
토지대출 연금리	6.00%	
토지대출 월이자	146만원	
~ 10개월 이자	1,463만원	
토지 취등록세	1,495만원	
토지 초기 매수비용	6,498만원	

3. 공사 자금 계획

구분	입력란	비고
평당 공사비	600만원	
연면적 공사비	58,207만원	
기타면적 공사비	5,000만원	500만 x 10평 기준
옵션 (가격조절)	-1,000만원	
전체 공사비	62,207만원	
PF 평당 대출단가	450만원	
PF 연금리	6.00%	
PF 대출금	34,924만원	80% 대출예정
PF 월이자	175만원	
PF 10개월 이자	1,746만원	
건축주 준비비용 [PF대비]	29,029만원	

4. 준공 전, 단순 수익률

구분	입력란	비고
연 임대료	7,260만원	
신탁 예상 대출 금액	52,386만원	
신탁 실행액	68,000만원	84.21%
신탁 연 금리	5.00%	
신탁 연 이자	2,619만원	
이자내고 연 수익	4,641만원	
자기자본대비 수익률	13.06%	

5. 신탁 가능 최소 자본금 [단, 항상 현금흐름은 +!!]

구분	입력란	비고
공사전 투입금액 [토지]	6,498만원	
공사 전 기타비용	5,000만원	
공사중 비용	30,775만원	
만일 준공 이후	5,000만원	
공사 전, 내가 가진 돈 MIN	11,498만원	
준공 후, 임대전까지 돈 MIN	35,775만원	
EQUITY	47,273만원	

6. 준공 후, 예상 수익률

구분	입력란	비고
신축 경비 [자본금]	48,146만원	
신축 경비 중 대출 총량	64,174만원	
신축 총가	105,701만원	
대출금 (신탁 가능)	52,386만원	
총 공사비 - 신탁금	53,314만원	
실제 수익률 (무대출) :	-75.13%	

7. EXIT

구분	입력란	비고
시장 기대 수익률	5.00%	
시장 매도가	179,585만원	
보증금 (전세금 포함)	53,450만원	
연 임대료	7,260만원	
자기 자본 투입	47,273만원	
총공사 (1년 이자) + 세금	64,174만원	
단기 매도 순이익 :	73,884만원	

*임차 보증금 현금 흐름

번호	구분	보증금	월세	관리비	비고
1	101호	300만원	25만원	15만원	
2	근생	0만원	250만원	30만원	
3	201호	7,000만원		5만원	
4	202호	50만원	40만원	5만원	
5	203호	300만원	35만원	5만원	
6	204호	5,000만원		5만원	
7	205호	6,000만원		5만원	
8	301호	6,500만원		5만원	
9	302호	300만원	35만원	5만원	
10	303호	500만원	35만원	5만원	
11	304호	300만원	40만원	5만원	
12	305호	6,000만원		5만원	
13	401호	8,000만원		5만원	T
14	402호	200만원	35만원	5만원	
15	403호	11,000만원		5만원	T
Total		53,450만원	495만원	110만원	7,260만원

*수익률 구하는 공식 참고자료

시장 기대수익률	상수값	매각가
3%	400	295,745만원
4%	300	223,145만원
5%	240	179,585만원
6%	200	150,545만원
7%	170	128,765만원
8%	150	114,245만원
9%	130	99,725만원
10%	120	92,465만원

수익률 분석 보고서 예시

당연히 처음부터 잘할 수는 없다. 나는 여러 토지를 보며 시시때때로 비용을 내며 계획설계를 받았고, 필요하다는 판단으로 직접 계획설계를 하는 방법을 생각했다. 전문적인 수준은 아니더라도 수익성에 대한 감은 잡히기 시작했다.

블로그 가기

나에게 필요한 설계사 찾기

행복부동산 사장이 권한 토지는 생각만큼 방의 개수와 크기가 나올 것 같았다. 심지어 주변 입지에 비해 저렴하기까지 했다. 이 정도 판단이 서면 전문가에게 계획설계를 다시 의뢰하는 것이다.

건축 설계사무실 찾는 것을 어렵게 생각하는 사람들이 많다. 생각보다 아주 간단하게 찾을 수 있다.

① 지도 앱을 열어 토지가 속한 지자체 구청 또는 시청 찾는다.

② 구청 또는 시청을 중심으로 '건축사', '설계사'를 검색한다.

③ 최소 다섯 군데 이상 검색해 문의한다.

문의할 때는 다음의 내용을 포함하면 된다.

✓ 인사말 및 소개

✓ 신축하고자 하는 토지의 지번

✓ 계획하고 있는 집에 대한 계획설계 비용 문의

✓ 유료 의사 표명(무료는 시간만 낭비하게 될 수 있음)

✓ 계획설계를 받을 수 있는 기한 약속

✓ 본 설계 계약 시 계획설계 비용 차감 구두 약속

나는 일곱 곳에 연락했고, 행복부동산 사장 역시 자신이 거래하는 설계사무실에 계획설계 도면을 부탁했다고 했다. 최소한 3일 이상 기다려야 계획설계 도면을 볼 수 있다. 어설프게 MS 엑셀로 그린 것과 실제 건축 설계사가 법규와 자기 아이디어를 넣어서 만든 도면은 다를 테니 기대됐다.

계획설계 도면이 나와야 정확한 수익성이 나오고, 수익성에 따라서 수익형 건물인 원룸을 지어야 할지 말지를 판단하기 때문에, 토지 계약 전 이 도면은 매우 중요하다. 계획설계 그대로 공사를 하는 것은 아니지만 토지 매매 결정에 가장 큰 영향을 준다.

계획설계에 나온 설계 개요와 각 층마다의 스케치 도면 정도로 건물의 윤곽을 파악하고 앞으로 세입자의 동선을 예상하며, 무엇보다 방의 개수와 크기를 판단하는 기준이 된다. 실제 신축공사를 하기 위해서는 계획설계를 바탕으로 '실시설계', 즉 '본 설계'를 만들어야 한다. 계획설계가 잘 나와야 비로소 건축설계 사무실과 본계약을 체결해야 하는 것이다.

요청한 계획설계 도면은 의뢰 5일째가 되어서야 하나둘씩 메일로 도착했다. 설레는 순간이다. 도면들은 제각각 특징이 있었다.

여러 개의 도면 중에 무엇을 골라야 할까? 건물 모양은 나중의 선택이고 결국 내부의 방 크기와 개수가 기준이 된다. 거주 임대를 위한 원룸은 내부 구성이 어떻게 되는지가 수익성 최고 관건이고 변수다. 도면을 처음 접해서 어디를 어떻게 봐야 할지 모르는 사람이라면 다음 항목을 확인하자.

✓ 방의 구조와 크기

✓ 방의 개수

✓ 건물 내부 디자인(건축비와 연관)

✓ 외부 모양(건축비와 연관)

신축해보니 설계 도면의 중요성이 더 절실하게 느껴졌다. 오직 설계 도면에 의해서만 신축공사를 한다면 시시비비를 따질 일도 없고, 현장에서 잘잘못을 가릴 일도 그리 많지 않을 것이다.

심지어 설계 도면이 잘 나오면 공사비를 줄일 수도 있다. 하지만 이 정도로 공을 들이기가 어려운 것이 현실이다. 완벽한 실시 도면을 만들려면 최소 6개월은 걸린다. 토지 매수 결정 전에 계획설계를 바탕으로 수익성을 판단해야 하는 데다, 토지 잔금 지급 날짜에 맞추어 구옥을 철거(멸실)한 후 바로 공사를 시작해야 토지나 신축공사비를 빌린 이자를 최대한 줄일 수 있다. 그렇기에 시간을 많이 들일 수가 없는 것이다.

실전에서는 토지 계약과 잔금 사이에 보통 3개월 정도가 걸린다. 잔금과 동시에 철거 작업을 바로 시작하기 위해서는 이 3개월 동안 계획도면을 허가 도면과 실시 도면으로 만들고, 구청 허가까지 받아야 한다.

날짜를 역산해보면 결국 설계에서 최대한 쓸 수 있는 시간은 토지 계약 후 한 달 이내다. 예비 건축주는 대출이자를 최대한 줄이기 위한 전제조건으로 한 달 내에 본 설계 맞먹는 설계 도면을 확정해야 한다. 신축공사에 있어서 시간은 돈. 시간을 아끼면 돈을 아낄 수 있기 때문이다.

반대로 이미 토지가 있는 사람이라면 최대한 많은 계획설계를 받아보자. 건축설계 사무실마다 설계의 특징과 매력이 있을 테니 말이다. 시간은 토지 소유자의 편이다.

마침내 만나게 된 설계사

그렇게 여러 설계 도면을 보고 신중하게 고른 것이 행복부동산 사장이 의뢰한 '이봉구 건축 설계사무실'의 계획설계 도면이었다. 내가 원하는 방 개수와 크기를 도면으로 잘 표현했기 때문이었다.

행복부동산 사무실에서 나와 사장, 건축사 세 명이 만났다. 건축사는 현장에서 일하다 왔는지 조금 허름한 차림이었다. 그러다 대뜸 이야기한다. "제가 시간이 별로 없어서 그러는데, 저와 도면작업을 할 건지 말 건지 이 자리에서 약속해주시면 좋겠습니다. 미팅이 끝나면 바로 제 현장으로 다시 가서 내일 있을 현장 일 처리 준비를 마저 해야 해서요."

당황스러웠다. 그간 읽은 책이나 강의에서 들어본 적도, 상상해본 적도 없는 첫 대면이었다. 그래도 건축사가 직접 현장에 나가 일을 한다니 어쩌면 내 현장도 건축사가 발로 뛰어주지 않을까 하는 생각도 들었다.

결과적으로 나는 당했다. 바둑으로 설명하자면 노림수에 엮인 것이다. 후에 두 번이나 이봉구 건축설계 사무실과 작업했고, 어떻게 이중계약을 하고 업자들 돈을 어떻게 될 때 떼어먹는지 사실적으로 경험하는 본보기를 본의 아니게 지켜보게 되었다.

신축에서는 무엇보다 대출이 중요하다

신축은 극한의 대출을 일으키는 디벨롭•이다. 극한의 대출이 가능한 이유는 이렇다.

신축 집짓기는 집을 공급하는 공급자 입장으로 지난 정부 부동산 과열로 온갖 제재를 쏟아 낼 때도 신축에 대해서는 제약이 그나마 덜 했었다. 토지 감평가에 반 이상, 건축비의 반 이상의 금액 대출이 가능하다. 믿어지지 않지만 이게 가능하고 여전히 건재하다. 물론 그렇다고 무조건 신축하겠다고 달려들면 안 된다.

• 건설업에서 디벨롭은 부동산 개발사업을 의미하는 용어다. 쉽게 말해 땅 매입부터 기획과 설계, 조달, 시공, 건물관리까지 총괄하는 행위를 가리킨다. (© thebell)

하지만 이것은 이론일 뿐이었다. 공사비 대출을 알아보는 과정에서 이론과 실전의 차이를 한 번 더 느끼게 되었다.

이론과 다른 실전 대출

많은 신축 강의와 공부 모임을 통해 소개받은 은행들은 서울에 모두 있었고, 신축의 예정지도 당연히 서울일 줄 알았지만, 나는 인천에서 시작하려고 준비하고 있었다. 비용적인 면에서 부담이 덜 해서 그랬던 것 같다. 하지만 왜일까? 서울지역에서 신축으로 대출되는 은행상품과 인천지역의 은행 대출 상품의 차이가 있었다. 더 정확히는 서울과 인천 토지비 차이가 나서 당연한 이유란 걸 한참 후에 알게 되었다.

토지에서 대출받아서 토지의 잔금을 치르고, 공사비 대출을 별도로 받아서 공사를 진행하는 방법은 어디나 공통적인데, 집을 다 지은 후 공사비 반환의 방식이 달랐다. 더욱이 서울지역의 은행은 인천지역의 대출을 꺼렸고 그나마 몇 군데 잘해 준다는 은행이 현장조사까지 와서 긍정적인 검토를 진행했지만 역시 최종적으로 대출이 안 되거나 터무니없는 대출 가능 금액을 제시했다.

토지에서 70%. 건축비에서 80% 이상 자금의 대출을 받아야 한다. 당연히 위험할 수도 있다. 최대한의 레버리지를 일으키는 것은 건물이 다 지어지고 임차인들이 반드시 들어온다는 가정이 있어서다. 반드시 들어 온다는 확신이 들어야 신축공사를 할 수 있다. 그 확신은 내 노력과 준비에서 나오는 것이라 믿는다.

지금은 토지 계약 이후 잔금을 앞두고 있고, 당연히 이론상으로 공부했던 은행의 대출금액이 약속되고 선정되어야 할 시기이다. 대출금액만 약속되면 안 된다. 준공 이후 빌렸던 토지비와 건축비를 일정 비율 이상 남기는 조건을 받아주는 은행을 찾아야 한다.

네이버 지도를 열고 '은행'으로 검색해서 초조한 마음으로 여기저기 전화를 돌렸다. 수도 없이 반복하는 인사말들과 말들.

"네, 1인 법인이고요."

"지번은 인천 미추홀구 xxx 번지, 55평. 원룸을 지으려고 잔금을 앞두고 있습니다."

"어느 정도 확답을 주시면 이른 시일 안에 방문하겠습니다."

소개받은 토지 지번을 중심으로 1금융권을 포함해서 2금융권 모조리 문의해봤지만 속 시원하게 답을 해주는 곳은 단 한 곳도 없었다. '이러다 토지 계약금 날리는 거 아냐?' 조바심이 나기 시작했다.

단비처럼 찾아온 기회?

그러던 중 행복부동산 사장에게 전화가 왔다. "왕과장 님, 은행 대출 일으키실 거면 우리 사무실로 한 번 방문해주세요. 은행 사무장님 소개해드릴게요."

'은행 사무장? 은행에도 사무장이 있나?' 하는 생각이 들었지만 마침 주말이었기에 바로 향했다. 그렇게 중개사무소에서 허실장을 만났다. 당연하지만 은행이 아닌 법무사 사무장이었고, 이들은 소위 '브로커'라고도 부른다.

이들은 고객이 원하는 대출상품을 은행과 연결해주는 고리 역할을 하고, 대출받은 금액의 일정 퍼센트를 수고비로 챙긴다. 은행 대출사. 금융설계사라고도 하지만 조금 불법적인 요소가 있는 것은 사실이다.

하지만 목마른 놈이 우물 판다고 내가 먼저 서울에서의 대출상품은 비슷한데 준공 후 상환 방식과 대출 가능 금액 퍼센트가 다르다고 푸념을 늘어놓게 되었다. 피식 웃더니 한마디 한다. "원하는 조건과 금액을 이야기해보세요, 최대한 찾아볼게요."

허실장의 말은 간단명료했고, 정확히 3일 후에 연락이 왔다. 조건에 맞는 상품을 해주는 은행지점을 찾았으니 일단 필요한 서류를 준비해서 문자로 보내 달라고 했다. 수십 통의 전화를 돌려가며 방문도 해서 알아봤지만, 이 금액과 조건을 맞춘 조건을 맞춘 허실장은 대단했다. 기대했던 금액 이상을 확보했고, 금리마저 저렴했다.

한 번 더 놀란 건 실제 토지 잔금과 공사자금 대출의 자필서명(자서)을 위해 은행에 방문했을 때 일이었다. 눈길 한번 안 주던 은행 대출담당자는 허실장한테 공손히 인사를 하고는 음료수까지 대접하면서 우리를 VIP룸으로 안내했다.

반전은 여기서 끝나지 않았다. 허실장은 미처 준비하지 못한 서류를 담당자에게 출력까지 시키는 것이었다. 항상 을의 위치에서 은행 직원 앞에서 작아지기만 했는데, 이런 경험은 처음이었다.

원하는 대출금액과 대출금리를 얻었지만 결국 얻지 못하게 한 가지 있었는데 그건 '준공 후 바로 대출금 전액 완납 조건'이었다.

서울의 경우 준공 후 어느 정도 대출금액을 남겨놓는데 인천은 보통 준공이 나면 완납을 한다고 한다. 왜 그런지 이제야 드는 생각은 서울보다 토지가 저렴하니, 신축건물이 완공되어도 서울은 토지가 더 비싸지만, 수도권은 토지보다 신축건물이 더 비싸진다. 신축건물은 시간이 지남에 따라 감가상각되어 점점 가치가 떨어질 것이니, 서울과 같이 토지에서 받은 금액 정도를 계속 남겨두기 어려운 것이고 은행 입장에서는 위험을 안고 가는 경우가 되는 것이다.

허실장은 나중에 서울과 같이 일정 금액을 남기는 것을 잘 이야기해보자고 했지만, 이 역시 준공 이후에 큰 어려움을 겪을 일인지 모른 채 마음은 들떠 있었다. 적은 금액도 아니고, 큰 금액을 빌리면서 서류처리를 하는데 왜 이렇게 나 역시 확실한 매듭을 짓지 못했는지 잘 모르겠지만 이후에 알게 되었다. 그때 나는 신축을 이제 비로소 진짜 할 수 있다고, 너무 들떠 있었다.

시공사, 어떻게 찾아야 할까

신축 강의도 많이 듣고 스터디 모임도 열심히 했으니 이제 금방 건물주가 되어서 월세, 전세도 빵빵하게 받고, 임대를 맞춘 후 매도해서 매년 한 채씩 짓고 팔고 하면 금방 부자가 될 줄 알았다. 다들 이런 식의 꿈을 꾸지 않았을까?

하지만 필드에 나와보니 무언가 이상했다. 신축의 과정과 비용에 대해서는 감을 잡았는데 진짜 필요한 대출 잘 받는 방법들과 시공사를 어떻게 만나서 진행해야 하는지는 책상머리 공부와 필드에서의 체감은 사뭇 달랐다. 무엇부터 어떻게 시작해서 진행해야 하는 것인지, 한마디로 막막했다.

막막한 시공사 구하기

어찌어찌해서 집을 설계하는 건축사(건축설계사는 잘못된 표현. 설계사님들도 '건축사'라고 칭해야 올바른 표현임)와 인연이 닿아 설계 작업은 진행하게 되었는데, 그럼 시공사는 또 어떻게 어디서 알아보고 구해야 한단 말인가?

그나마 계획설계 도면이라도 있으니 다행이었다. 이 도면을 들고 많은 시공사를 만나서 대강 일정을 그려 보았지만, 쉽지 않았다. 건축업에 종사했던 사람도 아니고 생전 처음 접해보는 예비 건축주의 종목이라서 더 막막한 기분이었다.

이제 시공사를 찾아야 한다. 나와 결이 맞고 뒤통수를 때리지 않을 시공사를, 도면에 그려진 그림을 현실에서 실현해줄 시공사를 만나야 한다.

인터넷 플랫폼에 견적을 내놔 봐야 하는 걸까? 지인을 통해 소개해 달라고 부탁해야 하는 걸까? 그나마도 신축 쪽으로는 아는 지인도 없다. 나와 비슷한 처지의 예비 건축주라면, 비슷하게 난처한 예비 건축주라면 이렇게 한 번 시공사를 찾아가 보자. 반드시 계획도면을 준비해야 한다.

① 계획도면을 가지고 시공사 여러 군데(열 군데 정도) 비교 견적을 받는다.

② 계획도면 외에 외장재는 어떤 재질(석재, 파벽 크게 두 가지)과 어떤 색상으로 할지 미리 결정한다.

③ 에어컨 실외기는 모두 옥상으로 올릴 것인지, 각 층이나 각 호실에 개별 설치할 것인지 확인한다.

④ 가전, 가구가 포함된 견적인지 아닌지 확인한다.

⑤ 하자보증 이행 증권을 발행할 수 있는지 확인한다. 준공 후 AS 기한과 지체 보상금을 문서 명시한다.

⑥ 계약이행보증 증권 발행이 가능한지 확인한다. 약속된 날짜에 공사를 마무리해야 한다.

준비된 계획도면을 기준 삼아 반드시 이 같은 동일 조건으로 비교견적을 받아야 한다. 이 정도는 신축 스터디를 해본 사람이라면 기억해야 하는 주요사항이다. 비교 견적의 더 자세한 사항을 넣는다면 '새시, 바닥재, 위생도기' 스펙 정도는 미리 정해놓는 게 시시비비를 줄일 수 있다.

이런 조건으로 인터넷 플랫폼 등에서 찾아 의뢰할 수도 있지만, 다른 방법도 하나 소개하겠다. 주변에 잘 지어진 신축건물이 있다면, 그게 바로 정답지가 될 수 있다. 건축물대장을 보면 해당 건물을 시공한 '시공사 회사명'이 기재되어 있기 때문이다. 시공사뿐만 아니라 설계사무실, 감리사무실까지 확인할 수 있다. 정부24(gov.kr)의 민원서비스에서 건축물대장(열람)은 무료로 발급받을 수 있으니 참

건축물대장에서 시공사 찾기

고하자.

이렇게 알게 된 건축사와 시공사에 연락할 때는 "이 동네에서 신축할 예정인데 건물이 예뻐서 일부러 알아보고 문의드립니다."라며 신축 예정지의 지번을 함께 알려주면, 더욱 성의 있는 상담과 견적을 받을 수 있을 것이다.

알음알음 연결된 시공사

매수 계약한 구옥 근처를 맴돌며 시공사를 알아보던 중이었다. 이번에도 행복부동산 사장에게서 연락이 온다. 설마 하는 마음에 전화를 받으니 "시공사는 구하셨어요? 제가 아는 분 한 번 만나보시면 좋을 것 같아서… 제가 지금 그리로 가겠습니다."라고 한다. 나를 어디서 지켜보고 있나 하는 마음까지 들었다.

그렇게 행복부동산 사장이 데려온 하 사장을 만났다. 인하대 후문 주변 원룸은 자신이 다 지었다며 자신을 소개한다. 계획도면을 보며 공사비가 절감되는 설계에 구조도 잘 뽑았다며 좋은 말도 해준다. 맡겨 준다면 최선을 다하겠다는 말도 한다.

예비 건축주가 경계해야 할 첫 번째, 바로 '아는 사람의 소개'다. 더욱이 행복부동산 사장이 순서에 맞춰 업자를 데려오니 '이거 뭐지?' 하는 마음이다. 친절인지 사기인지 구별이 안 되니 말이다. 긴가민가하며 갈피를 못 잡고 있는 내게 하 사장이 말한다.

"처음 신축을 시작하는 예비 건축주님들은 대부분 시공에 대한 두려움이 있습니다. 저 역시 잘 알고 있고요. 어디에 돈이 들어가는지, 공사의 순서는 어떻게 되는지 이론과 현장의 움직임은 다르니까요. 계획도면을 가지고 저희도 꼼꼼하게 검토해보겠습니다. 왕과장 님이 원하는 마감 시한이 언제까지일까요? 최대한 빠르게 시공 견적을 뽑아 드리겠습니다. 그리고 중개업소 소장님 소개도 있고 원룸 신축공사는 처음인듯하시니 시공비 일정 부분은 준공 후 후불로 받는 조건을 하나 드리겠습니다. 다른 업체와 충분히 비교한 다음, 연락 부탁드리겠습니다."

'준공 후 후불'이라는 조건에 솔깃했다. 근처 여러 공사를 하는 중이라는 말을 좀 더 신중하게 받아들였어야 했는데 말이다.

신축 ONE POINT

- ☑ 마음에 드는 신축건물의 건축물대장에는 건축주, 설계사, 시공사, 감리사무실까지 명시되어있으니 참고하자.
- ☑ 비교 견적은 계획도면을 기준으로 최소 열 군데 이상 받아보자. 가장 저렴하거나 너무 높은 견적을 제시한 곳을 제외하고 방문해 면담해본다.
- ☑ 시공사가 건전하고 우량한 회사인지 궁금하다면 사람인(saramin.co.kr)에 들어가서 매출과 영업이익이 확인해보자.

현장에서 만난 현장 사람들

시공사와 계약하고 나면 이제 기다리기만 하면 될까? 나는 공사를 시작하면서 현장 대처 상황을 직접 보고 싶다고 전달했고, 시공계약 때 "건축주가 현장에서 상주하며, 공사일정 계획과 현장 업무 설명을 일과 전후에 알린다. 또, 공사계획에 관한 모든것은 건축주와 반드시 협의한다."라는 조항을 달았다. 시공사한테 내 현장을 압박하는 조건이라기보다는 '인생 신축'을 위해 배웠던 이론을 현장 실제 현장 업무와 결합해보고픈 욕심이었다.

처음 신축할 때 늘 정보가 고팠다. 공사가 시작되고도 회사에 다녀야 했기에 매일 현장에 나와보지 못하니, 현장이 궁금하기도 하고 문제없이 진행되고 있는지 두려움도 있었다.

두 번째 신축까지 마무리한 지금은 오히려 정보가 흐르고 넘치는 듯하다. 흐르고 넘치는 정보들에는 '카더라 통신'도 많고 MSG가 필요 이상으로 뿌려진 정보도 많다. 과거에는 정보를 구하기 어려웠지만, 이제는 가짜 정보를 걸러내기 어렵다. 신축 집짓기는 여전히 그들만의 리그라고 불린다. 확실한 정보를 얻기 위해서는 예비 건축주가 스스로 노력해야 한다. SNS 등을 이용해 커뮤니티를 만드는 것도 좋은 방법일 거다.

신축에 대한 정보는 시공사 사장이 제일 잘 안다. 하지만 이들은 공사 이후에 임대나 분양에 대해서는 아는 게 없다. 물론 지금 당장 우리가 필요한 정보 대부분은 '시공에 대한 정보'다. 현장에 직접 뛰어들지 않고서는 쉽게 얻기 어렵다.

4대마 미팅, 그리고 돌 사장님

현장을 가고 싶은 내 의지를 알았는지 시공사 하 사장이 먼저 이야기한다. "왕과장 님, 신축 집짓기를 할 때 4대마를 아시나요?"

대마라는 표현이 낯설다. 우리말로 하면 기술자나 대장, 회사 직급으로 따지자면 팀장 정도 표현하면 되겠다. 신축건물 뼈대를 올리는 골조시공에 목수와 철근 그리고 전기와 설비 이렇게 큰 4가지축을 가리켜서 '4대마'라고 한다(외장목수, 철근, 전기, 설비: 신축의 큰 틀 4가지 분야).

"물과 관련된 모든 일이 설비 업무. 설비 대장님. 그리고 전기와 관련된 모든 일은 전기업무. 전기 대장님. 처음 공사를 시작해서 건물의 큰 뼈대를 일구는 목수 대장과 철근 대장. 이렇게 4대장이 있습니다. 인사들 나누시죠. 앞으로 현장에서 건축주 분이 궁금해서 물어보면 잘 알려주시고요."

현장에서 바로 인사했다. 그중에서도 전기와 설비는 철거부터 공사, 준공 후 임대를 맞출 때까지 끝까지 함께한다고 한다. 구옥은 철거 전에 건물의 전기를 끊고 수도라인을 미리 끊어서 공사장 밖으로 끌어내는 등 사전 준비가 필요한데, 이때부터 함께하는 것이다. 그리고 준공 이후 임차인이 들어오면 비로소 안 보이던 문제가 드러나는데 보통 설비와 전기에서 해결하는 것들이다. 그러니 공사 때부터 이 두 분은 각별하게 소통할 필요가 있다.

시공사 하 사장은 외벽의 경우 석재로 마감하는 것이 초보자에게 무난하다며, 석재를 다루는 구 사장을 소개해주었다. 사실 나는 건물의 모양보다는 내부 인테리어, 방의 개수와 크기만 집착했던 터라서 외벽 마감을 무엇으로 어떻게 해야 할지 깊게 고민해본 적이 없었다. 구 사장은 여러 가지 외벽 마감 석재 샘플을 늘어놓았다. "어떤 석재나 색깔로 할지 생각해두신 게 있나요?"

외벽 마감을 어떤 재질이나 색으로 할지 특별하게 생각한 적은 없지만, 근처 신축된 원룸을 보고 막연히 저런 걸로 하면 깔끔하고 이쁘겠다고 생각했었다. 마음에 드는 걸 볼 때마다 사진을 찍어뒀던 게 도움이 됐다.

같은 석재로 한 마감이라도 어떤 색으로 하는지, 가공 방법이 어떤지에 따라 다른 느낌을 준다. 내가 찍어뒀던 것은 포천석이었는데, 무난하게 사용한다고 한다. 문제는 색이었다. 같은 포천석이라도 색채와 느낌이 각양각색이었다.

외벽을 미리 골라야 할까? 나는 반드시 미리 선택해두라고 말한다. 외벽을 어떤 종류로 시공하느냐에 따라서 골조와 창호 공사 순서가 바뀔 수 있다. 즉 처음부터 외벽의 종류까지 정한다면, 공사 기간을 줄일 수 있다. 공사 기간이 준다는 것은 공사비를 줄일 수 있다는 것이다. 공사비 절약은 치밀하게 계획해서 공사 기간을 줄이는 것이 생명이다. 이왕이면 외벽의 색까지 미리 마음속에 정하고 있자.

훗날 두 번째 신축은 '파벽' 재질을 선택했다. 첫 건물 외벽을 석재로 마무리했던 것이 행운이었다는 사실을 그때 깨달았다. 구 사장이 무난하다고 했던 말이 사실이었던 셈이다.

4대장과 인사를 나누고 외벽 석재까지 고르고 나니 '이제 정말 시작하는구나.' 하는 마음에 들떴다.

철물점과 친해지기

누군가 알려주기 전까지는 죽어도 모르는 것이 있다. 별거 아닌 것 같은데 현장에서는 중요한 것. 예를 들어 외벽 작업을 위해 밧줄에 의지해 매달렸는데 작업 도구를 안 가지고 왔다면 작업자는 일도 못 하고 벽을 다시 내려와야 한다. 작업장에서 작업 도구 하나는 별거 아니지만, 밧줄 위의 작업자에게는 작업 도구 하나 없다면 일이 안 된다. 신축 현장에서 '철물점'이 이 작업 도구다.

현장에는 온갖 기술자들이 모여서 교향곡을 연주하듯 어울려 집을 짓는다. 각자 분야에서 프로들이다. 그런데 철물점이라니, 시공사 하 사장이 신축지 근처 철물점을 같이 둘러보자는 말에 고개가 갸웃했다.

적당한 규모의 철물점에 들어간 하 사장은 "이 근처에서 신축공사를 하려는데, 잔잔하게 여기 물건을 사용할 거 같습니다."라며 철물점 주인과 이야기를 시작한다. 익숙한 일인지 그들만의 대화가 시작된다.

"집 짓는 분들이구먼. 명함 하나 주고, 첫 거래이니 시공사 사장 양반 신분증하고 사업자등록증 문자로 하나 보내줘. 매달 말일 결제하고, 부가세는 별도 계산. 특별한 주문은 3일 전에 이야기해주고."

특별한 주문? 철물점을 나와 궁금했던 것들을 물었다. 보통 철물점에서 팔지 않는 신축자재를 구해 달라고 이야기할 때도 있단다.

청소차를 철물점에서 부르기도 하고, 갑자기 벽돌 몇 장이 더 필요하거나 실리콘이 모자라서 급하게 달려와야 하는 경우도 허다하다. 안전망을 급히 구할 때도 있고 말이다. 생각보다 철물점을 이용할 일이 많을 거라며 웃는다.

예를 들어 철거를 시작하면 큰 빗자루와 삽도 있어야 하고 수도에 연결할 고무호스도 있어야 하는데, 매번 거래처에서 구하기 힘드니 신축공사장과 가까운 철물점을 공사 기간 동안 외상거래를 트면서 월말 결재를 한다. 매번 현금과 카드를 들고 수시로 계산하면 서로 번거롭기 때문이다. 현장에서 조달되어야 하는 재료와 도구는 대부분 철물점을 통한다고 생각하면 된다.

실제로 공사가 시작되면서 하루에 한두 번은 철물점을 오갔다. 목장갑 같은 소모품뿐만 아니라 청소차도 수배했고, 나중에는 모래차까지 주문했다.

해 봐야 아는 것들이 있다. 신축공사는 이런 사전 준비가 있어야 공사 기간을 단축해서 건축주 호주머니 부담을 덜어 줄 수 있다는 걸 깨달았다.

신축 ONE POINT

- ☑ 4대마는 신축공사의 큰 획을 그리는 기술자를 말한다. 바둑의 대마와 비슷한 현장 용어. 4대 대장이라고 이해하면 된다. 전기와 설비 대장님의 전화번호는 미리 알아두자. 준공 이후 건물을 관리하면서도 도움을 요청할 일이 생긴다. .
- ☑ 외벽 마감재와 색은 미리 생각해두자. 마음에 드는 건물의 사진을 찍어두는 것도 도움이 된다.
- ☑ 신축 현장 근처 철물점을 미리 파악하고 외상거래를 터놓자.

마침내 토지를 계약하다

◆
✚
●

차분한 마음으로 약속 장소로 향한다. 행복부동산 중개사무소가 아닌 다른 부동산 사무실이다. 공동중개 물건이었던 것이다.

어떤 부동산 중개사무소는 혼자만 가지고 있는 매물을 다른 사무실과 공유하지 않는다. 또 어떤 중개사무소는 적극적으로 공동매물을 시장에 선전하면서 이득을 취하기도 한다. 어느 것이 좋고 나쁨은 없다. 행복부동산은 후자의 경우였다. 시장에 나온 매물들을 모아서 신축할 만한 입지의 물건을 선별해서 계약을 성사하는 쪽이었다.

물건을 소개받고, 물건에 맞춰 가설계를 해보고, 수익성 계산을 해보니 매매가가 저렴한 듯해서 건축사에게 계획설계를 의뢰했다.

토지 잔금과 공사비 은행 대출을 어디서 받을지 확보해두었고, 시공사 선정에 철물점 단골 외상거래까지 확보했다. '정말 배운 대로 진행되는구나.' 토지 계약을 하면서 해야 할 일들을 빠지지 않고 잘한 거 같다.

이 모든 절차가 토지 계약 잔금 전에 행해져야 한다는 사실을 잊지 말자. 이제 약속 장소에 도착해서 형식적인 서류에 도장을 찍고, 잔금을 이체하면 진짜 신축공사가 시작된다.

하고 싶다는 마음 하나로 시작했고, 계약 후 이제 정말 신축을 시작한다. 잘하고 있는 걸까? 이게 맞는 걸까? 공사를 하다가 돈이 모자라서 현장이 멈추면 어떡하지? 잘 알아본다고 알아보고 계약했지만 시공사 사장이나 4대마 업자들은 다들 한 편에서 짜고 치는 사기꾼들은 아니겠지? 머릿속이 복잡해진다.

계약서에 도장을 찍은 지 3개월 만의 잔금일이다. 계약서 작성 때 특약사항 덕분에 무사히 신축 준비도 할 수 있었다. 도장 찍고 잔금만 이체하면 된다. 사전협의는 부동산 사장님들의 수고로 마무리된 상태였다.

허리를 다쳤다는 노모는 사무실 한편에 있는 소파에 기대 앉아 있고, 아드님이 인감도장을 가지고 이미 도착해 있었다. 조용한 침묵이 흘렀다. 40년 넘게 살아온 집을 파는 분의 심정이 어떤지 잘 알고 있었고, 은행 대출을 최대한 받아 신축공사를 시작하려는 복잡한 심경이 얽혀 있던 차에 매도자와 매수자 서로는 아무 말 하지 않았다.

문득 불과 몇 년 전 서울의 어머님 집을 매도하며 인감을 찍던 상황이 떠올라 조금 울컥했다.

서류를 마무리하고 조용히 뒷좌석에서 과일 한 박스를 선물로 드리고 90도 인사를 드렸다. "건강하시고 행복하세요. 그리고 고맙습니다."

팔고 가는 분들의 심정이 어떤지는 사실 알 수 없는 노릇이지만, 며칠 후 집 안에 들어가 보니 매수해서 철거 후 신축하길 잘 했다 싶은 생각이 들었다. 신축은 소규모 디벨롭 사업이다. 낡은 것을 허물고 새집을 짓는다. 그 새집은 다시 누군가의 소중한 쉼터가 되는 것이니 신축으로 디벨롭한다는 긍지를 가져도 될 만하다.

신축을 위한 토지 계약 시 유의사항

☑ 토지 계약 전 다음과 같은 옵션을 걸어두자.

① 현 시설물 상태에서의 계약: 잔금 지급 시 현 시설물 상태를 유지해야 한다는 것을 특약에 명시한다.

② 건축 허가와 명의 변경: 중도금 전 매도자 명의로 건축 허가를 받고, 잔금 시 매수인 명의로 변경하는 조항을 포함한다.

③ 은행 및 철거업체의 접근: 매도인은 은행 감정평가와 철거를 위한 석면 조사 시 건축물 내부 접근을 허용해야 한다.

④ 매수인 명의 변경 가능성: 매수인은 필요에 따라 명의를 변경할 수 있는 권리를 가진다. '필요 시 매수인은 명의 변경이 가능하다'라는 문구를 반드시 기재한다.

⑤ 다중 필지 계약의 조건: 2개 필지 이상 계약 시, 한 필지의 계약 불성립은 나머지 필지 계약의 무효를 의미한다. 의도치 않은 나머지 필지의 만약을 위한 조건을 명시한다.

⑥ 현 임차인 명도 책임: 매도인은 잔금 지급 시까지 임차인 명도를 책임진다.

⑦ 건축 조례 변경의 위험: 건축 조례 변경에 따른 위험을 계약 시 고려한다. 건축 조례 변경으로 인한 신축의 불이익 시 계약을 파기할 수 있음을 명시한다.

⑧ 전입세대 열람원 제출: 잔금 시 전입세대 없음을 증명하는 열람원을 제출하는 조건을 명시한다.

⑨ 잔금 시 정화조 청소필증 제출: 정화조 청소필증이 있어야 철거신고가 가능하다. 잔금 일주일 이내 정화조 청소필증이 필요하니 계약서에 명시한다.

☑ 토지 계약 시 건축허가 필요 서류를 미리 받자.

인감증명 2통, 건축주 명의 변경서, 신축 허가 협의서 등이다.

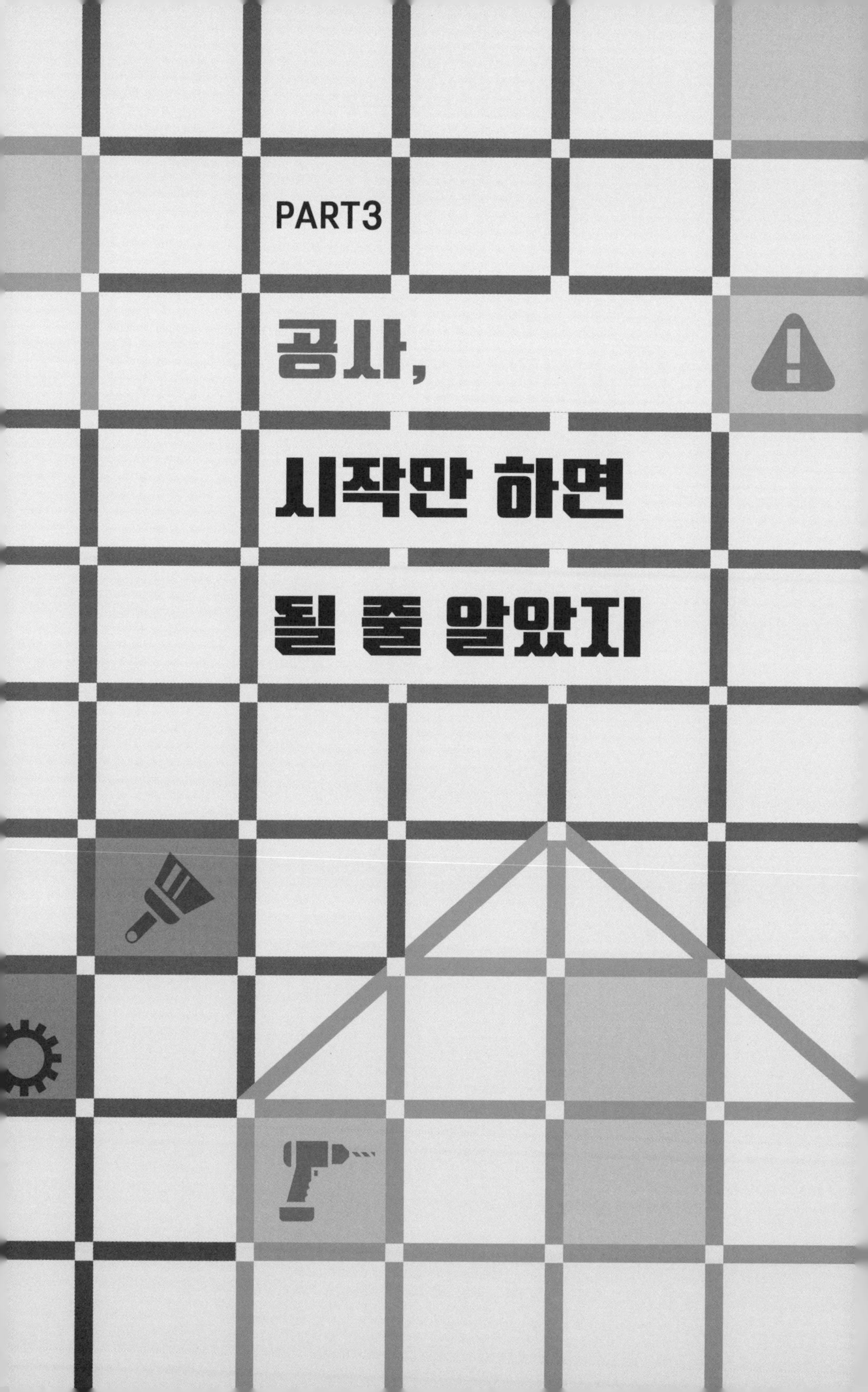

PART3

공사, 시작만 하면 될 줄 알았지

[철거와 측량, 이제 시작이다]

계약 다음 날, 날이 춥다. 전철을 타고 목적지로 향한다. 모자를 꾹 눌러쓰고 편의점으로 향했다. 막걸리와 소주 한 병을 각각 계산하고 종이컵도 챙겼다. 도착한 곳은 잔금을 치른 집이다. 내일부터는 철거를 시작할 테니 구옥을 마지막으로 보러 왔다.

조용히 대문을 열고 안쪽으로 발을 내디딘다. 토지e음, 네이버 지도 로드뷰, 디스코, 밸류맵, 랜드북 등 손품을 팔아 상상했던 집이다. 철거 전 나름의 인사라도 하고 싶었다. 집 안에서 막걸리 한 잔 따르면서, 소주 한 잔 뿌리면서 절 한 번 올려본다. 새집을 짓는 모든 분이, 공사하는 모든 작업자가 안전하고 무사히 건설되길 바라며.

구옥 위로 펼쳐진 전깃줄과 통신줄

55평 대지에 지어진 2층 단독주택의 내부는 참혹했다. 1층은 노부부가 사용하던 안방을 제외하고 거의 무너져가는 모습이었다. 화장실은 밖에 있었고, 놀랍게도 연탄보일러를 사용하고 있었다. 2층으로 올라가 보니 더 암담했다. 지붕이 거의 내려앉을 듯 각목을 방 안에 10개도 넘게 받쳐 놓았다. 신축 목적이 아니었다면 절대로 매매하지 않았을 거다.

지붕 위로 전기선과 통신선이 복잡하게 얽혀있다. 다 끊어버릴 수 없는 노릇인데, 이 많은 전선은 어떻게 처리해야 할까? 철거가 시작되면 걸림돌이 될 듯했다. 시공사 하 사장에게 물어봤다.

철거는 철거 쪽 하청사장이 알아서 하겠지만, 철거와 함께 시공사가 전적으로 공사를 주관하므로 미리 '전깃줄과 통신줄 정리'를 각각의 통신사와 한전에 민원 접수를 해두었다고 한다. 전신주부터 길게 늘어선 전기선들은 방호관 작업(전신주 전기 전선을 묶고 정리하는 것, 도로 같은 공공장소면 한전에서 무상작업)과 통신선을 다른 곳으로 우회해서 작업하는 것이 예정되어 있으니 안심하라고 한다.

어제 전기 사장님이 건물의 전기를 차단한 후에 공사 때 사용할 전기선은 계량기 하나를 만들어서 따로 빼놓았고, 설비 사장님은 수도계량기를 신축 공사하기 편하게 라인을 빼서 한쪽에 마련해두었으니 걱정하지 말라고 안심시켰다. 가스 배관 역시 가스설비 업자에게 연락해서 조치도 다 잘해 놓았으니, 공사수첩에 잘 기록해놓으라고 너스레를 떤다.

철거라는 게 그냥 부시는 게 아니었다. 부시기 전에 준비가 필요하다. 신축의 이론 공부와 실전도 비슷하다. 실행하기 전에 검토하고 준비할 게 많고 꼼꼼하지 않으면 사고와 민원으로 이어질 수 있다.

이제 마음의 준비까지 끝났다. 다음은 철거다.

전기선과 통신선 정리하기

☑ 전기선

전기선은 철거 전 미리 우회/철거/정리되어야 한다. 방호관 서비스도 신청하자. 도로 같은 공공장소 위는 한전에서 무료로 해준다.

한전 고객센터: 지역번호+120번

☑ 통신선

미리 통신선 정리 서비스를 신청하자. 어느 선이 어디 통신사인지 모르니, 모두 신청하면 된다. 민원발생 시 책임은 건축주에게 있다.

LG유플러스 고객센터: 101번

KT 고객센터: 100번

SK 고객센터: 106번

늘 계획대로 되는 것은 아니다

철거를 며칠 앞두고 석면조사를 실시했다. 석면조사는 건물을 철거하기 전에 석면 유해물질의 존재 여부를 조사하는 절차다. 현재는 석면조사뿐만 아니라 굴토심의(땅을 파기 전 심의를 받는 행위)와 철거심의(철거 전/중 철거계획과 심의를 받아야 함, 지자체별로 상이) 등의 절차도 추가되었다. 집짓기 전 해야 할 일들이 계속 늘어가고 있다.

"2층의 슬래브 지붕이 석면이네요. 석면은 발암성 물질이 있어서 석면 지정업체에서 철거해서 수거를 따로 합니다. 돈을 더 내야 해요." 계획에 없었던 일이 추가되었다. 계획되지 않은 일에 대해서 추가 비용을 내라는 식이다.

철거 후 토지를 파서 기초를 만든 후 1층부터 4층, 그리고 옥상 공사까지가 순조롭게 진행되면, 그러니까 계획대로 되면 문제가 없다. 그러나 문제가 생기면, 계획되지 않은 일이 생기면 이를 해결하기 위해 추가 비용이 든다. 그런데 '계획되지 않은 일'의 범위가 명확하지 않았다.

석면검출로 인한 추가 비용을 내야 해야 할지 말아야 할지 판단이 서지 않았다. 시공사 하 사장은 침묵하고, 철거업체 사장은 알아서 해결하라고 말했다. 결국 하 사장은 석면조사 전문업체를 찾아와 문제를 해결했다. 석면 해체 작업이 초기라서 이런 일들이 발생한 것으로 보였고, 별도의 석면조사와 철거 비용을 별도로 지불해야 했다.

신축에 관한 책과 강의에서 이런 조언을 들었다. 현재를 기준으로 하더라도 시공 업무의 행정변화에 대비해야 한다고. 그러나 막상 이런 일이 일어나니 당황스러웠다. 어쨌든 석면조사와 철거계획이 세워졌다.

철거 전 이웃에게 인사를 해야 할까?

인사를 하는 것은 건축주의 선택 사항이다. 물론 시공사에서 철거 전에 주변에 알리기는 한다. 건축주를 위한 것이라기보다 시공사에 들어올 수 있는 민원을 방지하기 위한 최소한의 행동이다.

주변에서 신축하는 건축주들을 보면 안 하는 것보다는 하는 편이 공사가 더 편하고 민원이 적다고 한다. 시공사의 조언으로 설탕 한 봉지와 큰 휴지 한 봉지를 들고 다니며 인사를 드렸다. 인사를 할지 말지 고민하고 있다면 철거 전 이웃에게 인사를 전하기를 추천한다.

마침내 시작된 철거

드디어 철거가 시작되었다. 몸은 회사에 있었지만, 철거 현장이 궁금해서 견딜 수가 없었다. 철거 현장 영상을, 안 되면 사진이라도 보내 달라고 부탁했다. 물을 뿌리며 진행되는 철거 작업은 웅장한 중

장비가 등장하더니 싱겁게도 점심 식사 전에 마무리되었다. '이렇게 빨리 없어지다니…' 흔적만 남기고 없어진 걸 보며 적잖은 충격을 받았다.

퇴근 후 시공사 하 사장과 현장에서 만났다. 철거가 끝난 현장은 '출입금지' 테이프로 둘러싸여 있었다. 하 사장이 말하기를 철거는 단순히 집을 부수는 것뿐만이 아니라, 집을 부수면서 발생하는 폐기물과 재활용까지 처리하는 다소 복잡한 과정이라고 한다. 특히 폐기물 중에서 재활용 가능한 고철 등은 추가 수익의 기회로 살려낼 수 있다는 팁도 알려준다.

그리고 중요한 점. 철거업체가 토지를 어느 정도 파주어야 기초공사가 진행될 수 있다. 철거업체가 중장비를 보유하고 있기 때문이다.

그리고 철거업체와 함께 일하는 동료 업체와의 협업이 매우 중요하다며, 협업이 잘 이루어지는 경우에만 계속해서 거래를 이어가고 싶다는 의사를 전했다. 매번 추가금액을 요구하며 불만만 많았던 이전의 철거업체와는 달리 이번에 진행한 철거업체는 서로의 합이 잘 맞아 건축주들과의 거래가 원만하게 진행되고 있다고 말이다.

신축공사를 계획하고 계약할 때는 '작업의 범위와 책임의 한계'를 명확히 구분해야 한다. 비단 철거 작업의 경우가 아니라 다른 모든 작업을 할 때도 마찬가지다. 일의 범위는 어디까지인지, 금액은 얼마인지, 누구의 책임인지, 그리고 언제까지 마무리하는지를 명확히 서면으로 주고받도록 하자.

땅속에서 산업폐기물이 나온다면

만약 철거 작업 중 땅속에서 산업폐기물이 나온다면 어떻게 대처해야 할까? 철거하다 보면 이처럼 갑작스러운 문제가 생기기도 한다. 이를 대비하기 위해 토지 계약 시 '옵션'을 다양하게 두어야 한다. "매수한 토지바닥에서 산업폐기물이 나올 경우 폐기물 처리는 매도자 책임"라는 옵션을 추가하는 것이다. 집짓기는 변수와의 싸움이다. 변수에 미리 대비하자.

운 좋게도 땅의 상태가 찰지고 단단하단다. 이제 다음 단계로 진행된다.

측량, 그 애매함에 대하여

측량은 철거 전에 한 번 하고, 다 부수고 난 후에 한 번 더 하게 된다. 측량하는 날에는 무슨 일이 있어도 건축주가 현장에 나와야 한다고 한다. 결과적으로 그 말은 맞다. 측량 때 바닥에 마킹을 하는 지점이 땅의 경계선을 나타내기 때문이다. 재산권 행사의 시작점을 찍어 주는 것이다.

측량은 인터넷으로 미리 신청한다. 토지 계약을 하면 잔금일은 약속되어 있으니 자연스럽게 철거 계획도 잡을 수 있다. 따라서 철거 일정이 어느 정도 완료되는 시점으로 경계 측량을 인터넷(baro.lx.or.

kr)으로 신청하면 된다. 모든 일을 시공사에 맡겨서 진행할 수도 있지만, 철거가 예정된 날짜에 맞추어 건축주가 측량 날짜를 예약하면 시공사에 성의도 보이고, 은근한 압박의 도구로도 여겨질 것이다. 적어도 나는 그렇게 생각했다.

철거 작업이 끝난 며칠 후 측량 기사들이 현장에 도착했다. 측량 기사는 보통 2~3명을 한 조로 구성해 현장에 다닌다. 토지 측량 날, 이웃 건축주, 즉 토지주들은 신축 현장 주변에 나와서 측량 작업 현장을 가만히 지켜본다. 측량일이라고 이야기하지 않았는데도 재산권에 대한 권리를 누구의 지시 없이도 잘 알아서 챙기는 것이 신기하기도 했다.

이때 나온 이웃들에게 웃으면서 말을 건네보자. "철거 때 소란스럽게 해서 죄송합니다. 불편하신 건 언제든 말씀해주세요." 어색할 수도 있지만, 어차피 이 동네에 신축 건물을 짓게 된다. 싫든 좋든 간에 먼지와 소음을 내면서 신세를 지고 눈치를 봐야 하니 이번 기회로 한 번 눈도장을 찍는 것이다.

측량 작업은 비 오거나 눈이 내리는 등 날씨가 안 좋으면 하지 않는다. 보통은 보름, 많게는 한 달 반 정도를 미리 기다려야 한다. 그래서 철거 날짜가 예상되는 날씨에 따라 예약하고, 철거 날짜가 잡히면 예약을 확정해야 철거 이후에 측량까지 소요되는 시간을 줄일 수 있다. 이제부터는 시간이 돈이다. 하루 정도 지연돼도 괜찮을 것 같지만, 토지의 잔금을 은행 돈으로 했다는 사실을 잊어서는 안 된다. 측량하는 시간은 오전 반나절이면 충분하다.

여기저기 움직이며 노트북에 무언가를 입력하더니, 바닥과 옆집 담벼락에 빨간색 래커를 뿌려 경계 지점을 표시한다. 경계 측량을 위해 한 기사가 자기 키보다 몇 배 큰 막대기를 들고 여기저기 빙빙 돌며 왔다 갔다 한다. 한 귀퉁이 진흙탕에 발이 빠져 한참을 애쓰다가, 내가 긴 막대기를 반대편에서 건네주자 겨우 빠져나온다.

측량 기사들도 3D 업종처럼 느껴졌다. 모를 때는 삼각대 위에 측량 도구만 바라보며 작업하는 것이 편하게 보였지만, 사계절 현장을 이리저리 돌아다니며 측량하는 일이 만만치 않아 보였다.

옆집 담이 땅을 침범했다면

측량 결과 옆집 한쪽 벽면이 땅을 50센티나 침범했다는 사실을 알게 되었다. 오래된 건물에서 비일비재한 일이라고는 하지만, 막상 내 토지에서 겪으니 당황스러웠다. 경계선을 넘어온 옆집 벽을 칼로 무를 자르듯 싹둑 잘라낼 수 없는 상황, 현장에 함께 나온 설계사와 시공사 하 사장도 말을 아끼며, 측량 작업이 마무리된 후, 땅의 구역 끝 지점에 표식을 하고 간단한 설명과 함께 측량 팀은 현장을 떠났다.

침범한 옆집 벽은 경계선을 따라 잘라낼 수 없었다. 넘어선 옆집이 침범한 구역만큼 신축 건물의 한쪽 벽도 경계면을 띄워야 하니, 벽면이 원안의 설계도보다 침범한 만큼 후퇴해야 한다는 사실이 치명적이었다. 무엇보다 한정된 면적 안에서 집의 크기가 줄어들게 되었다. 집의 면적이 줄어든다는 것은 수익이 낮아진다는 의미다.

어떻게 해야 할지, 사실 할 수 있는 일은 별로 없다. 그래서 차선책을 선택했다. 구경 나온 이웃 중 한 분이 넘어온 벽 주인어른이라는 것을 눈치채고 정중하게 이야기했다.

"어르신, 여기 보시면 이만큼이 저희 땅으로 넘어왔네요. 이건 세월이 흘러서 이제야 알게 된 사실이니 어쩔 수 없는 노릇 같습니다. 이 부분에 대해서는 아무 조건을 달지 않겠습니다. 어르신도 집짓는 공사가 끝날 때까지만이라도 편의를 좀 봐주시면 정말 감사하겠습니다." 일종의 딜을 한 것이다.

최대한 불편하지 않게 정중하게 이야기하고 다시 한번 인사를 드린 후, 우리는 건축사 사무실로 갔다. 결국 이론상 설계했던 도면은 옆집이 침범한 만큼 옆으로 후퇴해야 한다. 이건 어떻게 복구할 수 없는 것이므로 받아들여야 했다. 신축을 두 번 경험하면서 내가 애써도 달라질 수 없는 것들이 많다는 것을 깨달았다. 할 수 없는 것들에 대해 미련을 두는 것이 더 어리석지 않은가?

"왕과장 님, 옆집 분과 공사 민원에 대해 은근히 합의를 본 건 그나마 잘하신 겁니다. 옆집과 아주 딱 붙어 있어서 저희도 좀 불안했는데, 현장에서 잘 대처해주셨습니다."

측량은 말 그대로 내 구역 경계선을 가르는 정확한 측량 행위다. 집 짓기와 측량이 옆에서 보기에는 빠르고 쉬워 보이지만, 막상 경험하면 많은 일을 겪게 된다. 설계 변경에 대해 협의를 마치고 다시 철거 현장, 아니 측량 현장으로 왔다. 잘 할 수 있을까? 어쩐지 걱정된다.

신축 ONE POINT

☑ 철거업체는 집을 짓는 공사 중 제일 상대하기 난해한 업자 같다. 자칫 폐기물 버리는데도 옵션을 걸거나, 심지어 터파기를 하지 않고 끝내버리는 경우도 있다. 이왕이면 시공사와 연계된 철거업체로 진행하자.

☑ 측량 예약은 지적측량바로처리센터(baro.lx.or.kr)에서 신청한다. 철거가 끝나는 일정을 고려해 가장 빠른 날로 예약하자.

☑ 측량 때 현장에 가서 이웃과 눈도장을 찍고, 측량 표시는 다시 확인 후 사진으로 남겨두자.

신축 건물의 숨은 영웅, 전기와 물

현장에 없어서는 안 될 전기

마블코믹스 스파이더맨에서 전기를 조종하는 능력의 캐릭터가 있다. 바로 '일렉트로'다. 현실에서도 전기를 조종하는 듯한 기술자가 있는데, 전기사업자다. 신축공사를 준비하는 과정에서부터 준공 후 AS까지, 전기사업자의 역할은 매우 중요하다.

처음에는 철거 전 전기를 완전히 차단하고, 필요한 곳에만 전기를 공급해 공사 중에도 전기를 사용할 수 있게 한다. 이 과정에서 전기는 건물의 핏줄과 같은 역할을 한다. 건축 과정에서 전기선의 위치와 설치는 후에 건물을 사용하는 사람들의 편의성에 큰 영향을 미친다.

예를 들어 분리수거 지역에 전등을 추가로 설치하는 것은 사소하지만 사용자를 편하게 해준다. 이러한 결정은 현장에서 발생하는 다양한 상황에 대응하기 위해 필요하다. 전기 작업은 변경할 수 있기는 하지만, 추가나 변경은 공사 비용 증가와 공사 기간 연장을 초래할 수 있어, 설계 단계에서 충분히 고려해야 한다. 변경이 필요한 경우 콘크리트 마감 전에 이루어지는 것이 가장 이상적이다.

외부 조명, 간판 등 외장 작업 역시 전기 공급이 필요하다. 건물의 외관뿐만 아니라 안전과 직결되는 요소들이기 때문에, 이들을 고려한 설계는 건물의 기능성과 효율성을 높이는 데 중요하다. 또한 CCTV나 주차장 부분에 전기 콘센트 빼놓는 것도 잊지 말아야 한다.

건축 과정에서 전기 관련 작업은 단순히 스위치와 콘센트의 위치 결정을 넘어서, 건물을 사용하는 사람들의 일상생활에 직접적인 영향을 미친다. 이러한 작업을 통해 건물은 더욱 안전하고, 편리하며, 기능적인 공간으로 탄생한다. 따라서 초보 건축주든 경험이 풍부한 건축주든, 전기사업자와의 협력을 통해 전기 설계 계획을 세워야 한다.

준공 후 실제 입주자가 들어오고 나서야 전기적 결함이나 불량이 발견되는 경우가 많다. 건축주가 아무리 꼼꼼하게 점검해도 실제 살면서 사용해보지 않는 이상 확실한 결함을 발견하기 어렵다. 이런 이유로 신축 시작부터 준공 이후 AS까지, 전기사업자와 긴밀하게 소통하는 것이 중요하다. 전기 설계와 실행 단계에서의 긴밀한 협력은 실제 입주자들이 겪을 수 있는 불편함을 최소화하고, 건물의 전반적인 만족도를 높이는 데 기여한다.

전기 작업은 단순한 기술적인 작업을 넘어서 건물의 안전, 편리성, 그리고 장기적인 가치에 영향을 미친다. 건축주와 전기사업자 간의 긴밀한 협력과 소통은 이 모든 과정을 원활하게 진행하고, 최종적으로 모든 이용자가 만족할 수 있는 건물을 완성하는 열쇠가 된다.

물 없는 현장은 없다

전기와 물은 신축공사의 필수 요소다. 설비기술자는 물의 흐름을 담당하는 핵심적인 역할을 한다. 철거 작업부터 시멘트와 다른 재료를 혼합할 때까지, 물은 공사 현장에서 먼지를 줄이고 재료를 혼합하는 데 꼭 필요하다. 물 없는 현장은 상상하기 어렵다.

신축공사에서 물은 아군이다. 그러나 누수가 발생하는 순간 적군으로 변할 수 있다는 점에서 물의 이중성을 볼 수 있다. 누수는 대부분 시스템적인 문제로 발생하며, 예방을 위해서는 신축공사에 참여하는 모든 이가 조심해야 한다. 누수 문제는 간단하지 않다. 복잡한 추리와 추측, 주의가 필요하며, 예상치 못한 곳에서 발생할 수 있다. 특히 보일러 공사, 외벽 마감, 옥상이나 테라스의 방수 처리 등에서 주의가 요구된다.

설비기술자는 물의 공급, 배출, 관리를 담당하며, 누수 발생 시 해결사 역할을 한다. 신축공사가 시작되면 전기와 설비 기술자는 현장에서 없어서는 안 될 인력이며, 그들과의 긴밀한 협력은 프로젝트의 성공에 필수적이다.

"전기와 물이야말로 신축공사의 슈퍼히어로들이죠. '일렉트로'가 전기를 조종한다면, 설비업자들은 '아쿠아맨'이 되어 물의 흐름을 지배하는 거나 다름없습니다. 반면 누수는 그야말로 슈퍼빌런입니다. 아무리 작은 구멍이라도, 물은 그 틈을 비집고 들어가 우리의 평화를 위협하죠. 설비업자들과의 협력은 마치 '어벤져스' 팀을 꾸리는 것과 같아요. 전기와 물, 이 두 가지 힘을 잘 조율할 때 비로소 당신의 건물은 진정한 '슈퍼건물'이 됩니다."

웃는 얼굴의 설비업자가 말했다. 현장의 히어로 덕분에 공사는 차질 없이 이어지는 중이다.

건축 현장의 숨겨진 영웅

언제나 명쾌한 답변으로 모든 질문에 응답하는 그분은, 마치 모르는 것이 없는 듯했다. 사람들은 그를 '맥가이통'이라 불렀다.

철거 작업을 마친 후 본격적인 기초 작업이 시작되며 현장은 한층 더 분주해졌다. 바닥 기초를 정비하고 철근 공사와 레미콘 작업을 위해 외장 목수 대장님을 포함한 팀이 활기찬 움직임을 보였다. 마치 신축 현장의 활기를 그대로 느낄 수 있었다. 하지만 이론적으로 배우면서 간과했던 부분이 바로 '정화조', 혹은 흔히 '응가통'이었다.

정화조는 건물의 가장 아래에 설치된다. 또 건물 내부가 아닌 주차장 쪽으로 뚜껑이 열리도록 해야 한다. 맥가이통은 이 정화조 담당이었다. 사실 모든 과정은 설계도면에 이미 명시되어 있는 사항이므로, 도면에 표시된 크기와 위치를 정확히 따라서 정화조를 설치하기만 하면 된다. 그는 신축 공사에 대한 풍부한 경험을 바탕으로 현장에서 정화조의 재질, 크기, 용량 계산과 위치 설정까지 능숙하게 해냈다.

정화조는 정기적으로 청소를 해야 해서(1년에 1번, 위반 시 과태료) 가능한 건물 바깥, 창문이 없는 측벽이나 주로 생활하는 공간 주위를 피하는 것이 좋다. 또한 정화조 청소차량의 접근성까지 고려하는 것이 진정한 설계의 고민이며 건축주가 고려해야 할 사항이다.

맥가이통은 하수 연결 작업도 담당했다. 우리가 걷고, 차를 타고

다니는 도로 아래에는 가스배관과 하수관 등 많은 국가 설비가 숨겨져 있다. 신축된 집에서 나오는 생활하수는 도로 아래에 있는 하수배수관과 연결된다. 정화조에서 나온 배수도 마찬가지로 연결된다. 이 모든 과정은 우리 일상과 밀접하게 연결되어 있으며, 효율적인 도시 인프라의 중요성을 다시 한번 일깨워준다.

단순히 연결하고 끝나는 것이 아니라 연결 부위의 사진을 찍고, 로봇을 하수구로 보내 도로와 연결된 하수구 안쪽의 상태를 촬영한 사진도 제출해야 한다. 그래서 맥가이통은 로봇 조작과 사진 촬영도 담당한다. 정화조를 설치하고 연결하는 모든 절차를 문서화해야 준공이 인정된다는 사실을 기억하자.

신축 ONE POINT

- ☑ 내부뿐만 아니라 외부에서도 전기와 물을 사용하는 공간을 확인하자. 주차장, 재활용 분리수거 장소 등이다.
- ☑ 야외 수도가 필요한 부분에 수도사용 만들어놓고, 겨울 동파 대비 수도꼭지를 같이 설치한다. 음식물 배출하는 곳에도 수도 배관은 필요하다. 야외 보일러실의 경우 수도배관 동파방지 시스템 만들어야 한다.
- ☑ 앞서도 말했지만, 정화조 청소필증은 구옥 철거 때 준비서류로 필요하니 반드시 잔금 전 정화조 청소필증을 받아 놔야 한다. 잊지 말자.

신뢰가 필요한 타설 과정

바닥 기초를 잡고 1층에서 자리를 잡으니, 2층부터는 올라가는 속도가 빨라진다. 50평 대지 크기로 일주일에 한 개 층이 올라가는 듯하다. 실제 빠르게 진행되면 1층 이후에는 이 정도의 속도를 낼 수 있다.

토지를 계약하고 철거하면서 '이제 시작이구나.' 했는데 건물 모양이 하나둘씩 만들어지더니 위로 쭉쭉 뻗기 시작한다. 남들이 보면 평범한 4층짜리 건물이지만, 내 눈에는 『잭과 콩나무』의 씨앗이 하늘로 솟는 기분 그 이상이었다.

단순하지만 위험한 타설 작업

철근을 꼬아서 설비와 전기가 자리를 잡고 속살을 여미듯 연결하는 작업을 해주면, 타설 날짜를 잡게 된다. 타설은 시멘트를 부어서 바닥이나 천장, 그리고 벽을 만드는 과정이다. 타설 날짜가 잡히면, 유독 날씨에 예민해진다. 여름에는 장마, 겨울에는 영하 온도 이하로 내려갈까 혹은 눈이라도 내릴까 걱정된다. 타설을 마쳐야 그다음 작업이 가능하기 때문이다.

타설이 시작되는 날 아침은 새벽부터 서둘러야 한다. 큰 레미콘 차량이 신축 현장까지 올 수 있도록 다른 차량의 주차가 방해되는지 확인해야 한다. 좁은 골목길에 다닥다닥 붙어 있는 불법 주차들이 레미콘 차량 진입을 방해한다면 실례를 무릅쓰고 전화를 걸어 양해를 구하며 차량 이동을 부탁한다. 필지를 분양받은 택지지구 건축주들은 상상도 못 할 불편함이 바로 타설 작업이다.

레미콘 차량에 반죽한 대량의 시멘트(콘크리트)를 가져오면, 레미콘 기사는 펌프카가 있는 데까지 차를 돌려 꽁무니에 대면 대량의 콘크리트가 펌프카로 옮겨진다. 그다음부터의 일은 이제 펌프카 기사의 몫이다. 펌프카는 시멘트가 필요한 공사 현장 어느 위치에 한껏 부어주는 패턴으로 필요한 양을 다 부을 때까지 반복한다. 타설은 대형 차량의 오감, 펌프카를 뿌려대는 현장소장과 외장 목수와의 호흡, 무엇보다 펌프카 기사님의 조정이 중요함을 알게 되었다.

일은 단순하지만, 레미콘 차량이 연속해서 좁은 길목을 드나들다 보니 자칫 안전사고가 날까 봐 노심초사한다. 행인이나 차량, 특히 노인분들의 왕래를 경계하게 된다.

타설이 있는 날은 교통 지도 안전 요원도 부른다. 신축 작업장에 나와 교통 지도 안전 요원을 직접 부르기 전까지는 몰랐지만, 이들은 '건설 현장 안전 교육'을 이수한 모범 운전사 출신의 전 · 현직 기사님들이다. 얼핏 교통경찰관 같이 보이는데, 옷 때문인지 현장을 아우르는 기술 때문인지 운전사들이 잘 따른다.

그러면 얼마큼의 콘크리트를 시켜야 할까? 고민하지 말자. 현장 소장 혹은 시공사 하 사장이 대략적인 양을 산출해서 조금 모자라게 시키고, 당일 콘크리트 타설 시 마지막 차량에 적정량을 산출해서 주문을 넣으면 말끔하게 현장 타설이 완성된다.

이제 타설을 했으니 바닥이 만들어지고 벽 쪽에 부은 콘크리트는 벽이 될 것이다. 거리에 다시 철근을 엮고 소음재와 단열재를 깔고 나서 다시 철근을 엮으면 바닥이 되어서 또 타설 작업이 진행된다. 한 층, 한 층 건물은 그렇게 위로 올라가며 뼈대가 완성된다.

작업은 신뢰를 바탕해야 한다

한때는 그런 생각을 했다. 아무것도 모르는 초보 건축주가 현장에도 없다면 레미콘 타설 비용을 더 높여 받는 게 아닐까? 카더라 통신에 따르면 레미콘 차량에 물만 싣고 와서는 붓는 척하고 시멘트 비용을 받거나, 현장에는 이미 타설 작업이 끝났는데 차량을 일부러 몇 대 더 불러서 계산만 하게 만들고 취소가 안 되는 레미콘을 다른 현장에서 사용한다거나 한다는 이야기를 한 번쯤 들어본 적 있다.

속이려면 이 정도는 껌이다. 이래서 신뢰가 있어야 한다. 이런 식의 이중 계약이나 하지도 않은 일을 했다고 영수증 처리하는 경우는 당해낼 재간이 없다. 신축 현장 일도 모르는데 재료나 인건비를 영수증 처리까지 해서 속이려고 한다면 한도 끝도 없기 때문이다.

레미콘 차량의 경우 타설하고 가면 차량마다 일일이 타설 영수증을 주고 서로 사인을 받아 간다. 이 영수증을 챙기면 되긴 하지만, 완벽하진 않다. 신뢰를 바탕으로, 일에 대한 믿음으로 진행되어야 한다.

신축 과정에서 나쁜 마음만 먹는다면 이중 계약, 호구 건축주 뒤통수 치기 모두가 가능하다. 하지만 몇 개월이 지나고 몇 년이 지나면 이내 진실은 드러나게 된다. 누가 누구를 속이고, 이중 계약을 맺고, 자기 현장의 결제를 이쪽으로 돌리는 흔한 수법은 결국 다 알게 되더라.

진정한 협력과 공사의 성공은 신뢰와 전문성에서 비롯된다는 것을 깨달아야 한다. 건축은 단순히 물리적인 구조물을 세우는 것 이상의 의미를 지닌다. 신뢰, 협력, 그리고 전문 지식은 무엇보다 중요하다.

미장에서 곰방까지

타설 작업이 끝나면 바닥과 벽체, 천장은 단단한 시멘트로 덮인다. 이 면들은 사용하기에는 너무 거칠어서 신축 건물이나 아파트에서는 내부 마감에 미장 작업이 필요하다. 거칠어진 면을 매끈하고 깨끗하게 만드는 수작업이며, 미장공과 조수가 함께하는 2인 1조 작업이다.

공사 현장에서는 곰방 인력은 별도로 계산하고 계획해야 한다. 이들은 작업자가 원하는 위치와 층수에 시멘트나 모래, 타일 등의 작업 재료를 가져다 놓는다. 필요한 물량을 옮기는 전문 작업을 수행하므로, 이 부분을 예산과 일정 계획에 명확히 포함시킨다. 일당은 비싸지만, 필요한 물량만큼만 일하고 바로 퇴근한다는 점에서 다른 일과는 달리 효율적이다.

'아니, 이렇게 단순하고 쉬워 보이는데 왜 이렇게 임금은 비싼 거야?' 하며 흉내를 냈지만, 지옥이 무엇인지 잠깐 맛보았다. 눈으로 보는 것과 실제 해보는 것은 하늘과 땅의 차이였다. 이후에도 몇 번 해봤지만 역시 현장 일은 기술이 있어야 했다. 곰방도 예외는 아니었다.

미장공과 곰방 인부들의 노고와 전문성을 존중하는 것이 중요하다. 내부 마감 및 미장 작업은 현장의 조건과 위치에 따라 다양한 요구가 있으며, 각 기술자만의 영업 비밀을 가지고 있다. 이들의 노고와 전문성을 존중하고, 전문가에게 일을 맡기도록 하자.

신축 ONE POINT

- ☑ 타설 진행 시 현장 운반된 차량의 운반 영수증을 서로 확인해보고, 주문량과 같은지 확인한다. 이런 확인행위보다 더 중요한 건 사실 신뢰임을 잊지 말자.
- ☑ 타설 진행 시 교통 지도 안전 기사들을 여유 있게 모셔오자. 골목길 혼잡으로 인한 민원보다 혹은 큰길가 차량통제로 인한 민원처리 비용보다 저렴하고 안전을 확보할 수 있다.
- ☑ 타설 공사 당일 가능하다면 건축주는 레미콘 차량 진입이 가능한지 미리 점검해보자. 전날 저녁에 미리 주차된 차주에게 문자를 드리는 것도 유용한 방법이다.

신축 현장에는 건축주의 자리가 없다

◆
✚
●

과한 야망의 함정

첫 신축 프로젝트의 성공을 꿈꾸며 시공사 하 사장님과 손을 잡았던 그 날, 우리의 파트너십이 어떤 결과를 가져올지 전혀 예상하지 못했다. 하 사장은 주변에 여러 개의 현장을 가지고 있었는데, 이는 그의 능력과 경험을 증명하는 듯 보였다. 하지만 이것이 우리 프로젝트에 어려움을 가져다줄 화근이 될 줄은 몰랐다.

시공사가 관리하는 여러 현장 중 하나로 우리 신축 현장이 포함되어 있었다. '얼마나 실력이 좋으면 여기저기에서 이 시공사를 찾겠어?' 그러나 시간이 지나면서 시공사가 감당할 수 있는 범위를 넘어섰다는 것을 깨달았다. 공사 현장이 많다 보니 인력이 여기저기 흩어져, 서로 공사 진척이 나가지 않는다는 소리가 들렸다. 어느 날은 현장에 인부 한 명 보이지 않기도 했다. 시간이 흐르면 공사에 진척이 없어도 은행이자는 나간다. 공사기간은 늘어져서 준공도, 그토록 바라던 임차인 맞이도 늦어지는 것이다.

인근 신축 현장이 많다는 것이 시공사가 실력이 좋다는 것을 의미하기도 하지만, 동시에 현장 경영을 무리하게 하고 있다는 반증임을 나중에야 알았다. 건축주도 시공사도 모두 무리하게 욕심내지 않는 것이 중요하다. 너무 당연하지 않은가? 그런데 토지를 매수하고 신축을 한다는 부푼 마음이 이 모든 것을 안 보이게 했다.

'이 좋은 날 현장이 멈추어 있다니.' 절로 한숨이 나왔다. 시공사하 사장은 전화도 받지 않고, 문자도 답이 없다. "자재가 없어 미리 확보해야 하니 자재비를 미리 달라."라고 하지 않나 "비가 와서 선적한 배가 중국 청도에서 출항하지 못한다."라며 이리저리 핑계만 대다가 이제는 코빼기도 보이지 않는다. 대체 중국에서 재료를 실은 배가 출항하지 못한 것과 현장에 인부들이 한 명도 없는 것이 무슨 상관이란 말인가. 이렇게 화창한 날에 신축 현장이 비어 있다는 사실이 너무 슬펐다.

최근 안 좋은 뉴스를 접하게 된다. 건설업계 중견 시공사 회사들이 부도를 낸다고 한다. 실력이 없어서라기보다 방만한 경영을 해서 맞이한 결과다. 시공비는 급격히 오르고 아파트조차 분양이 안 되니 빌라나 오피스텔 분양은 말해서 무엇할까? 한마디로 '돈맥경화'•의 부작용이 여기저기 나타나고 있다. 부동산 경기가 활황이면 투자자는 투기세력이 되고, 부동산 경기가 안 좋아지니 건설회사들이 자빠진다. 우리 같은 소규모 신축사업 현장은 더욱 힘들 수밖에 없다.

시공사 선택에 있어서 실력도 중요하지만, 현장 수가 지나치게 많은 곳은 피해야 한다는 교훈을 얻었다. 현장이 많은 시공회사는 내 현장의 비용을 다른 현장으로 옮기는 일이 생길 수 있다. 신축은 시공사와 한 번 계약을 맺으면 다른 시공사를 선택하는 것이 거의 불가능하다는 사실을 기억하며, 내 현장에만 충실할 수 있는 시공사를 찾아보자.

건축주의 로망은 개뿔!

타설하는 날, 슈퍼에 달려가서 요구르트 다섯 줄을 사 왔다. "이 좁은 길목을 어렵게 운전하고 왔으니 고생하셨습니다."라는 마음을 표현하고 싶었기 때문이다. 레미콘 기사의 업무가 일단락되니 편안하게 음료수를 드시라고, 요구르트 음료에 빨대를 꽂아서 배달했다. 비슷

• 돈맥경화는 피가 몸에서 제대로 돌지 않는 현상인 동맥경화로부터 나온 말로, 돈이 시장에서 원활하게 순환하지 않는 자금 경색 상황을 의미한다. (ⓒ연합인포맥스)

한 일례로, 신축 현장에서 일하는 인부들 인원수대로 시원한 음료나 캔커피를 사서 하나씩 나누어 드리기도 했었다. 그런 로망 있지 않나? 검은 봉지에 아이스크림을 사 현장에 가서 "더운데 하나씩 드세요, 고생들 많으십니다." 하는 건축주의 로망 말이다.

그러나 이런 일은 이제 하지 않는다. 하루 공사 일과가 끝나고 혼자 남아서 정리할 때쯤이면 여기저기 흩어져 있는 음료수 잔해를 치우기 바빴다. 그렇다고 일의 능률이 올랐느냐. 그렇지도 않았다. 현장이 특별히 잘 돌아가는 것도 아니었다.

나름의 배려나 혼자만의 서비스를 하는 것도 좋지만, 기 싸움이 더 중요했다. 예를 들어 주변 환경이 열악해서 불만이 터져 나오는 거라면 잘 이야기해야겠지만, 습관적으로 나오는 투덜거림은 하지 못하게 해야 한다. 부정적인 말들은 주변도 지치게 하기 때문이다. 물론 이런 기 싸움과 작업 순서 그리고 현장 민원까지 대처하는 게 바로 현장소장의 역할이다.

선의로 음료수를 돌린 결과는 현장이 지저분해지고 그걸 다시 청소해야 하는, 그러니까 굳이 하지 않아도 될 번거로움으로 남게 되었다. 차라리 현장소장님께 맛있는 밥을 사드리는 편이 더 좋겠다.

술과 벽돌의 불편한 진실

공사장 인부들은 정말 술을 좋아할까? 경험한 바로는 부분적으로는 맞지만 정확한 이야기는 아니다.

최근 공사장 인부들은 상당히 높은 일당을 받는 편이다. 물론 그들의 노고를 단순히 금전적 가치로 환산하는 것은 무리가 있다. 하지만 급여에 의존해 사는 25년 이상 회사원으로서 볼 때, 공사장 인부들의 임금이 보통의 평사원과 비교했을 때 절대 적지 않다는 사실은 분명하다.

실제로 공사장 인부 중에는 술을 즐기는 사람들이 있다. 이는 일반 회사원들도 마찬가지이지만 보통 다음 날 업무에 지장을 주지 않기 위해 자제력을 발휘하는 경우가 대부분이다. 반면에 공사장의 경우 대부분이 육체 노동에 기반한 반복 작업이므로, 일부는 술의 힘을 빌려 피로를 해소하려는 경향이 있다.

이것은 분명히 위험한 습관이며, 안전사고의 위험을 증가시키는 관행이다. 신축 현장 작업 시 안전을 고려해야 하지만, 여전히 일부는 술 한 잔을 기울이며 작업을 시작한다. 아침 일과 시작 전에 현장을 둘러보고 정리상태를 확인했는데, 점심에 둘러보면 막걸리병이 여기저기 버려져 있어 충분히 짐작할 수 있었다. 물론 모든 인부가 그러는 것은 아니니 오해 없기를 바란다.

일이 시작되면 가불도 시작된다

조적 기술자 봉 사장은 이러한 경향이 두드러졌다. 타설 작업이 끝나고 건물 내부의 여러 곳에서 미장과 조적 작업이 본격적으로 시작되면, 벽돌을 쌓는 조적 기술자의 역할이 중요해지고 바빠진다. 이들은 벽을 만들지 못한 부분이나 설계상 반영되지 못한 칸막이, 설비팀이 설치한 배관 등을 벽돌로 가리는 작업을 담당한다.

그런데 이 과정에서 "가불 좀 해주세요."라는 요청이 자주 들려온다. 이유도 다양했다. 봉 사장은 항상 취한 듯한 얼굴색과 어눌한 말투로 인해 '가불맨'이라 불리기도 했다. 그럼에도 봉 사장과 함께 일했던 이유는 그가 뛰어난 기술자이기 때문이다. 벽돌 쌓는 기술 하나로는 그 누구와도 비교할 수 없을 정도로 타고난 재능이 있다고 한다.

실제로 담벼락을 높이 쌓는 작업을 목격한 후에야, 벽돌로 하루에 올릴 수 있는 높이에는 한계가 있다는 사실을 알게 되었다. 너무 빠르게 쌓아 올리면 무너질 위험이 있으므로, 일정 높이까지만 천천히 쌓아 가야 한다는 중요한 비밀을 알게 되었다.

벽돌을 천천히 쌓아 가는 것은 어느 정도 높이까지만 계획하며 일의 진도를 맞추어 가는 것이 요령이라고 한다. 이론 공부 없이, 전공도 하지 않고, 이런 일들을 현장 경험으로 배운다는 것이 이렇게 어려운 일이었다.

초보 건축주로서 '에이, 한 번에 다 쌓으면 되지, 괜히 일당을 늘리려고 하는 게 아닌가?' 하는 생각이 드는 것도 사실이다. 일을 천천히 해야 일할 수 있는 날이 많아지고, 일당을 더 챙길 수 있기 때문이다. 그래서 어떤 업자들은 일수로 계산하는 것이 아니라, 건물 전체로 작업량을 가지고 비용을 계약하기도 한다.

알면 별것 아닌 일로 초보 건축주를 시험해보려는 것은 아닐까 하는 경계심을 가지게 된다. 이러한 여러 업자와의 현장 경험을 통해, 현장에서의 뒤통수를 경계하게 되었다. 모든 뒤통수는 건축주의 호주머니를 노린다는 것을 명심하자. 알면 대처할 수 있다. 알고 보면 별것 아닌 것투성이가 신축 현장이다.

신축 ONE POINT

- ☑ 안전사고 예방을 위해 현장에서 작업일지를 꼼꼼히 작성하고, 음주 등 안전 위해 요소에 대한 교육을 받았다는 기록을 남겨야 한다. 이는 사고 발생 시 중요한 근거가 될 수 있다.
- ☑ 내부 마감용 벽돌 선택 시 직접 고르는 것을 추천한다. 유행이 조금 지났거나 수량이 적은 벽돌은 협상을 통해 더 좋은 가격에 구입할 수 있다.
- ☑ 신축 현장에서 음주 작업은 절대로 피해야 한다. 음주로 인한 작업 중 사고는 심각한 부상이나 생명의 위험을 초래할 수 있으므로, 안전을 최우선으로 생각해야 한다.

아시바?
비계 철거 작전

숨겨진 언어의 비밀

건축주가 직접 현장에서 곰방•을 하면 업자들은 사실 불편하다. 작업자들 사이의 자유로운 대화가 어려울 뿐만 아니라 마치 감시하는 듯한 느낌을 줄 수 있다. 시공사 하 사장과 현장소장 역시 굳이 말하지 않았지만, 분명히 불편함을 느꼈을 것이다. 불편함을 느끼는 건 건축주 역시 마찬가지였다.

• 곰방은 건설 현장에서 시멘트, 모래, 타일, 돌, 석고보드, 나무 및 현장에서 작업할 때 사용하는 건축자재를 옮기는 것을 말한다. (©miteri.tistory.com/160)

인부들은 건축주를 은근히 시험해본다. 현장 언어를 사용해서 질문을 던지는 거다. “사장님, 여기 몇 전 내릴까요?” “여기 아시바 좀 더 가져다주세요.” 이 두 가지 정도만 알아들어도 현장에서의 기본적인 의사소통이 통한다.

‘전’은 센티미터(cm)를 의미한다. ‘아시바’는 일본어로 발판이나 작업대를 의미하는 ‘足場(족장: 비계)’에서 유래했다. 아시바, 즉 우리말의 비계는 건축 현장에서 작업자들이 높은 곳에서 안전하게 작업할 수 있도록 설치하는 임시 구조물을 가리킨다. 몇몇 단어만 알아도 쉬운데, 이 단어가 장벽이다.

못 알아듣고 침묵하면 인부들은 속으로 ‘건축주가 아무것도 모르네.’ 하며 상황을 파악하고 그에 맞는 행동을 취한다. 기 싸움에 이기려는 거다. 과장된 이야기처럼 들릴 수 있지만, 실제로 현장에서 업자들과 대화를 나누며 이와 같은 경험을 많이 했다.

왜 이런 언어를 사용해 현장 소통을 하는 걸까? 일부 단어는 일본어도 아닌, 정체를 알 수 없는 외계어도 많다.

공사 현장의 용어들이 일본 시대에 유입되어 외래어로 자리 잡았다는 것이 일반적이다. 일본의 건축 기술과 용어가 식민지 때 한국에 소개되며 자리 잡은 것으로, 건설 현장 문화는 아직도 그 뿌리가 견고하다. 아무 거리낌 없이 용어들을 배우고 사용하고 있다. 많은 현장 용어를 우리말로 대체하기는 어렵다. 안타까운 일이다. 심지어는 자신의 숙련도와 노련미를 과시하려고 일부러 외래어도 아닌 들도 보도 못한 외계어를 더 사용하는 경향도 있다.

아무튼 현장에서 어려웠던 점은 대화를 알아듣지 못해 생기는 소외감이었다. 물론 친해지고 나서는 농담도 던졌다. “이제 좀 아시바, 아시바 그만 좀 합시다. ‘비계’입니다. 아시바 말고 비계라고 부르세요. 식민지 시절 그리운 건 아니잖아요?” 모두 웃는다.

비계 철거를 위한 준비

건물이 올라가는 모습을 지켜보면 신기하다. 내게는 아기가 태어나는 순간과 비슷했다. 철거 후 골조 작업이 시작되면서 바닥부터 시작한 공사가 2층에서 3층으로 한 층씩 쌓이고, 그 위에 올라 아래를 내려다보는 광경은 어떤 형용사로도 표현할 수 없을 정도로 감동적이었다.

골조 작업이 완료되었고, 내부 공사 역시 병행했다. 골조 공사 뼈대에 창틀을 맞추고, 외벽 석재도 건물의 옷을 입히는 것처럼 마무리되어 가니 정말 건물 느낌이 나기 시작했다. 사람으로 비유하자면 이제 제법 사람 같아졌다. 이 모든 과정에서 ‘안전’은 내가 가장 중요시하는 가치였다. 건축 과정 전반에 걸쳐 안전 규정을 철저히 준수하고, 모든 작업자가 안전 장비를 올바르게 착용하도록 강조했다.

가림막을 걷을 차례다. 언제 걷을지 시공사 하 사장, 기타 업자들과의 조율이 필요했다. 이 모든 과정에서 안전이 최우선이었다. 골조 공사와 외벽 공사, 외부 창틀 공사가 마무리되면 가림막은 더 이상 필요하지 않다. 사실 가림막을 걷는 것은 외벽 작업 발판인 비계를 철거하는 과정과 맞물려 있다.

비계 철거를 위해서는 외벽과 관련된 모든 공사가 마무리되어야 했다. 외부 외벽 작업이 마무리되지 않은 상태에서 선불리 비계와 가림막을 철거하면 안 불러도 될 스카이 작업차량(외부작업자용 고소지원 작업차량)을 불러야만 한다. 이는 예상치 못한 추가 비용을 의미한다. 그러니 외부에서 이뤄지는 전기, 창틀, 외벽 석재 작업, 기타 설비 작업의 마무리 사인이 있어야만 비계 철거와 가림막 철거가 가능했다.

가림막과 비계 철거 날짜가 정해졌다. 그 전에 해야 할 일이 있었다. 일요일에 인부들이 없는 현장에 나와 비계를 타보는 것이다.

비계 타는 건축주

일요일 아침, 이른 시간이었지만 비계 철거 전에 외벽 석재 작업의 하자를 직접 확인하고 싶었다. 외벽 석재 작업은 건물의 옷을 입히는 작업이다. 석재의 무게만큼이나 힘이 많이 들고 기술이 필요하다. 작업자들은 비계에 몸을 맞추고 외부 마감이 될 석재 돌판을 건물 위로 올리고 받으며 외벽에 끼워서 다듬고 고정시킨다. 외벽 작업은 번번이 확인하기가 어려워 아쉬움이 있었기에, 비계를 철거하기 전 직접 올라가 확인해보고 싶었다.

안전화를 신고 안전모를 썼지만, 비계 위에 올라가니 다리가 후들거렸다. 두 손에 힘을 주고 후들거리는 다리를 조금씩 옮겼다. 외벽의 석재 귀퉁이가 깨지지 않았는지, 색이 바랜 석재는 사용하지 않았는지 직접 확인했다. 다행히 특이한 점은 없었다. 비계 위에 올라서 저 아래를 보지 말고 바로 앞만 보며 한두 발씩 옮겨 보니 조금씩 요령이 생겼다. 이런 곳에서 몸을 의지하며 공사를 하고 있었구나. 고마움과 미안함이 동시에 느껴졌다.

나중에 듣기로 그날 현장에 왔던 설비 사장이 비계를 올라간 내 모습을 보았다고 한다. 의도하지는 않았지만 이야기가 금방 퍼졌다.

"건축주가 비계에 올라간 건 처음 봤어. 열정이 엄청나."

다음 날, 비계와 가림막 철거 작업이 시작되었다. 가림막 안에서 웅크리고 있던 건물이 세상 밖으로 드러난다.

가림막과 비계를 철거하는 날은 준공 날보다 감동적이었다. 나만 이런 감정을 느끼는 걸까? 스무 번 넘게 신축 투어 스터디 프로그램을 경험하면서 건축주들과 이야기해본 결과, 대부분 비슷한 감정을 느꼈다고 한다. 신축 후 처음으로 설렘을 느껴본 날이었다.

신축 ONE POINT

- ☑ 만약 비계에 오른다면, 안전도구를 착용하고 2인 1조로 안전사고에 대비해야 한다. 안전이 그 어떤 것보다 우선이다. 건축주로서 현장의 안전을 최우선으로 생각하는 자세는 작업자들에게도 긍정적인 영향을 미친다.
- ☑ 안전사고 없는 현장을 만들자. 신축 현장은 많은 감독과 감시자들이 수시로 방문한다. 안전에 위배되는 행동은 해서는 안 된다. 보여주기 위함이 아닌 안전사고 방지를 위한 예방에 집중하고 신경 쓰자.
- ☑ 무식해도 열정 하나만큼은 대단하다는 것을 표현하고 느끼게 하자. 돈으로 공사가 진행되지만, 열정은 그 이상을 포용할 수 있다.

심오한 신축 가전의 세계

공사의 끝이 보인다. 나는 강의와 책에서 배운 대로 시공사 하 사장과 일정을 내다보며 가전에 대한 계획을 세우기 시작했다. 앞으로의 일정을 세심하게 계획하지 않으면, 작업은 순조롭게 진행될 수 없다. 마치 톱니가 서로 꽉 맞물려 있어야 착착 문제없이 돌아가는 이유와 비슷했다.

현장에서 건물을 바로 볼 때 건축주의 마음은 한없이 흔들리는 갈대와 같다. 이건 이렇게 저건 저렇게 자꾸 바꾸고 싶다. 하고 싶은 마음이 굴뚝같다면 건축주로서 얼마든지 실현 가능하지만, 모든 공사 비용은 결국 내 호주머니에서 나오는 돈이다. 예를 들어 전기 콘센트 위치 변경, 창문 크기 조정, 새로운 창문 추가 같은 것도 가능하지만 돈이 든다는 거다. 설계 변경의 유혹은 달콤하지만, 그 결과는 종종 쓰디쓴 후회로 돌아온다.

무엇보다 중요한 에어컨 설치

에어컨은 단순한 가전이 아니라 설계 단계에서부터 깊은 고민이 필요한 항목이다. 위치 선정부터 시작해서, 에어컨과 실외기 연결에 필요한 전기와 가스관 설계까지, 모든 것이 사전에 계획되어야 한다. 실외기의 위치는 특히 중요한데, 각 방의 창문 옆이 될지 아니면 모든 실외기를 옥상에 모을지 결정해야 한다.

실외기를 어디에 설치하든, 그 결정은 에어컨의 효율성과 관리, 공사비에 직결된다. 특히나 어디에 무엇을 어떻게 설치할지를 설계 단계에서 미리 구상하지 않으면, 에어컨 설치와 실외기 연결을 위해 단단해진 벽과 바닥에 온통 구멍을 뚫는 만행을 저질러야 한다. 그래서 설계가 중요한 것이다.

설계에 모든 배관이 표시되어 있었다면 손바닥만 한 플라스틱 하나면 되는 것인데 말이다. 설계에서 반영하지 못한 것은 현장에서 바로 시정할 수 있는데, 여기에서 현장소장의 능력이 드러난다.

또 하나 에어컨 작동 시 발생하는 물을 처리하는 문제가 있다. 특

시공 시 미리 계획된 배출구

히 여름에는 물의 양이 상당한데, 이를 어디로 배출할지에 대한 계획이 필요하다. 곰팡이와 누수를 방지하기 위해서는 물의 적절한 배출 경로가 설계되어야 한다.

마침내 에어컨과 실외기를 선택하고 설치를 앞뒀다. 그 과정에서 만난 두 형제, 에어컨 설치 전문가와 가전제품 영업사원 형제는 나에게 최저가 보장과 함께 열정적인 서비스를 약속했다. 계약 후에도 지금까지 AS를 잘 받고 있다는 사실은, 이들과의 만남이 얼마나 훌륭한 선택이었는지를 증명한다.

가전 구매와 설치 과정은 단순히 물건을 사고 설치하는 것 이상의 의미를 지닌다. 이 과정을 통해 우리는 설계의 중요성, 사전 계획의 필요성, 그리고 좋은 파트너와의 협력이 얼마나 중요한지를 배울 수 있었다.

신축 ONE POINT

- ☑ 에어컨과 실외기를 어느 곳에 위치시킬지 반드시 정해야 한다. 건축사와 상의해 전원도 연결배관도 미리 자리를 잡아야 한다.
- ☑ 옥상에 실외기를 올리면 연결호스 자재비가 많이 들고, 배관 누수 시 고장탐구가 어렵다.
- ☑ 가전제품이 자리를 잡아야 전기도 그 자리에 끌어다 놓는다는 것을 잊지 말자.
- ☑ 가전제품은 특판 영업사원의 도움을 받자. 소매점보다 저렴하다.

PART4

공사 과정보다 공사 후

신축 역시 사람과의 관계에서 시작된다

우리가 살아가는 현대사회는 단순히 컴퓨터를 넘어 인공지능(AI)이 우리의 일상과 일을 혁신하고 있다. 더 나아가 인공 일반 지능(AGI)이 일의 방향과 목적까지 명확한 해결책을 제시하고 있다. 모든 것이 자동화와 프로그래밍을 통해 움직이며, 우리는 이 시스템에 맞춰 조직의 일원으로서 적응하고 함께 일하고 있다고 느낀다. 마치 무수히 많은 별 사이에서 우리 각자의 궤도를 그리며 살아가는 듯하다.

하지만 이 모든 시스템과 AI의 창조자는 바로 우리, 사람이다. 기술의 바닷속에서도 여전히 인간의 손길이 필요한 틈은 존재한다. 이는 신축 집짓기에서도 마찬가지다. 각 공정에는 순서가 있고 대부분은 이를 따르지만, 사람이 만들어내는 유연함과 창의력은 때때로 새로운 가능성을 열어준다. 신축공사의 현장소장의 역할이 중요한 이유도 여기에 있다. 그들은 마치 지휘자처럼 각기 다른 악기를 조화롭게 이끌어 나가는 것과 같다.

사람 사이의 문제, 즉 민원은 신축공사에서 가장 인간적인 도전이다. 신축으로 인해 생기는 민원은 종종 예상치 못한 스트레스의 원인이 되기도 한다. 하지만 모든 민원이 스트레스일 필요는 없다. 대부분 문제는 공감과 대화를 통해 해결될 수 있다. 경험을 통해 몸소 배우게 되었다. 이는 인간이 만든 시스템 속에서도 여전히 인간의 정과 소통이 중요한 역할을 한다는 것을 보여준다.

이번에는 민원 문제를 다루며 겪었던 일들을 공유하고자 한다. 모든 해결책이 정답은 아니지만, 이러한 도전들을 통해 해결 방법을 찾아가는 과정에서, 앞으로의 신축 집짓기에서 예상되는 일들에 대한 준비와 위로를 얻기를 바란다.

신축 현장에서 들어온 민원

첫날부터 시작된 문제

왠지 어수선했다. 누군가 쳐다보는 기분이 들었고 기웃거리던 몇 명이 모이더니 이내 10명 남짓 집단을 만든다. 아주머니 한 분이 다가오시니 말을 건넨다. "여기서 집을 짓는 모양인데, 이거 신고하고 합법적으로 공사를 시작하는 거예요? 공사 시작되면 소음도 심할 거고 먼지도 많이 날릴 텐데…" 이미 구청 담당자도 현장으로 불렀다고 했다. 곧 구청 건축과 담당자가 현장으로 온다고 하니 시시비비를 가리자는 이야기를 한다.

순간 당황했다. 신고도 안 하고 불법적으로 집을 짓기도 하나? 분명 철거 시작 전에 직접 인사를 드리고 양해를 구했는데, 왜 이렇게 다들 현장까지 나오셔서 그러는 건지 처음에는 알지 못했다. 인사드릴 때 드린 휴지나 음료수가 별로 성에 안 차서 그런가 하는 생각도 스쳤다.

구청 건축과 담당자가 정말 왔다. 이웃 주민들과 한참을 이야기를 나눈다. 10여 분이 지났을 때 구청 담당자가 우리 쪽으로 오더니 이웃 사람들이 소음과 분진으로 불안해한다고 공사 때 조금 더 유의해 달라고 부탁한다. 신축을 다 하고 준공까지 구청 담당자가 맡아야 하기에 그렇게 다시 한번 약속하고 담당자는 돌아갔다.

다시 한 분이 앞으로 분진과 소음에 대해 어떻게 할 거냐고 물어본다. 평일 일과 중에만 공사를 하고 분진은 나지 않게 가림막을 쳐서 최대한 조용히 공사를 하겠다고 이야기했다. 하지만 표정이 영 좋지 않다. 믿지 못하겠다며 다른 방안을 더 내놓으라고 한다. 앞으로 매일 얼굴을 마주 보게 될 이웃이 될지도 모르는데 은근 민원 압박, 아니 보상을 요구하는 것이다.

옆에 있던 현장소장이 재빠르게 눈치를 채고는, 일단 모인 사람 중에서 두 명과 따로 이야기하기 위해 조용한 카페로 갔다. 옆집과 앞집의 집주인이다. 아까 모였던 주민들은 그 집에 세 들어 사는 세입자였다. 분진과 소음에 대한 민원은 못 하게 할 테니, 적당한 보상을 해달라는 것이 본론이었다. 현장소장이 중간에 끼어들면서 분위기를 유하게 넘기려고 애를 쓰며, 나를 먼저 내보낸다.

돈을 달라는 이야기를 전해왔다. 주인 세대는 500만 원씩, 입주자들한테는 100만 원씩은 받아야 참을 것 같다고 했단다. 욕이 절로 나왔다. 최대한의 레버지리를 통해 한 푼이라도 아껴보려고 아등바등하는 참에 이웃이라는 사람들이 돈을 요구하다니. 하지만 주지 않으면 매일 민원진정을 할 것은 너무도 뻔했다. 결국 현장소장을 통해서 적절한 금액으로 합의했다.

예전에 신축 스터디에서 들은 이야기가 떠올랐다. 레미콘 차량이 타설을 위해 공사 현장으로 들어서는 것을 방해하려고 어떤 할머니가 차량 앞에 누웠단다. 차라리 자기를 치고 지나가라는 식이다. 장사도 안 되는데 공사로 시끄러워서 잠도 못 자고 사는 게 힘들다고 공사를 방해하는 것이었다. 몇 번은 경찰이 오고 구청에서 합법적인 공사를 방해하지 말라고 만류했지만, 이 할머니를 막을 수 없어서 뒤로 합의금을 주었다고 한다. 아는 사람들의 ATM도 아니고 화가 났다.

한두 명의 집주인이 세입자들과 이웃을 선동해서 현장에 득달같이 와서 항의하듯 공사를 방해한 것은 단지 신고비를 위한 것이었다는 사실이 씁쓸했다. 그렇게 몇 년이 지나서 신고비를 받은 이웃들과 마주칠 일이 가끔 있다. 내 태도가 어떤지 상상이 갈 것이다. 몇 푼의 작은 이득을 위해 꼬투리를 잡는 그런 짓은 하지 말자.

예기치 않은 손님, 목욕 빌런

공사 현장의 아침은 다른 어느 곳보다 이르다. 하지만 그날 아침 9시, 우리 현장은 예상치 못한 손님으로 인해 한바탕 소동이 일어났다. 바로 아침부터 술에 취한 '목욕 빌런'이라 부를 만한 인물의 등장이었다.

"왕과장 님, 이리 좀 와보세요!" 현장소장의 부름에 응답하듯 현장의 조수를 자처하던 나는 발걸음을 옮겼다. 현장소장 앞에서 허름한 차림의 중년 남성이 열변을 토하고 있었다. 그의 말을 종합해보니, 공사 소음 때문에 잠을 제대로 잘 수 없었다며 이러쿵저러쿵하는데, 결론은 목욕비를 달라는 것이었다.

나의 머릿속에는 온갖 생각이 교차했다. 하지만 당황하지 않고 차분히 상황을 살펴봤다. 일단 집이 어디인지 물어봤다. 취기 어린 그의 손가락은 우리 현장과는 정반대 방향을 가리켰다. 멀리 떨어진 그의 집 위치를 듣고 나서야 우리는 한숨을 돌릴 수 있었다. 아마도 다른 쪽 아파트 공사 현장 때문인 것 같았다.

꾸며낸 이야기처럼 들리겠지만 실제 겪은 이야기다. 너무나 당연하듯 이야기해서 목욕비용을 줄 뻔했다. 아마 목욕 빌런은 이미 비슷한 경험을 해서 지나다 들려서 말을 꺼낸 것이다. 공사 현장에서는 예상치 못한 일들이 늘 일어난다. 하지만 이번 목욕 빌런 사건은 우리가 함께 고생하며 청소한 현장에서의 유쾌한 추억으로 남았다.

담벼락 대전쟁 속 이웃 사랑 드라마

의자 놀이에서는 서로 눈치만 보다가 누가 먼저 자리를 차지하느냐가 전부다. 그 주인이 누구인지도 명확하다. 그렇다면 담벼락의 주인은 과연 누구일까? 의자 놀이에서처럼 먼저 앉는 사람이 주인일까? 아니면 먼저 '내 꺼'라고 소리치는 사람이 주인일까?

담벼락은 집과 집 사이를 구분하는 경계선일 뿐만 아니라, 때로는 그 이상의 의미를 지닌다. 누구의 것도 아니었던 것이 갑자기 이웃의 것으로 변신하는 마법 같은 순간이 펼쳐진다.

신축공사를 진행하면서 예상치 못한 민원과 함께 들려오는 터무니없는 보상 요구들이 있다. 그중에서도 담벼락 문제는 현장에서 가장 민감한 부분이다. 대부분 담벼락은 낡아 기울어지거나 금이 가 있는 상태다. 이 때문에 철거할 때 오래된 담벼락까지 함께 철거하는 것이 경제적이고 효율적이다. 하지만 앞으로 어떤 건물이 어떻게 탄생할지 모르는 상태에서 노후 담벼락 철거에 동의하는 어르신들은 그리 많지 않다.

담벼락은 주인이 없어 보이지만, 실제로는 신축을 하는 건축주에게 책임이 돌아가는 경우가 많다. 문제는 구옥 철거 전에는 담벼락 철거에 대한 동의가 없다가, 신축 건물이 모양을 갖추기 시작하는 즈음에 담벼락을 두고 시시비비가 시작된다는 것이다. 처음에는 오래된 담벼락을 부수는 것에 반대하는 목소리와 반대되는 주장을 위해 필요 이상의 억지도 부리게 된다.

골조 공사가 마무리되어가던 주말 아침, 옆집 주인 할머니가 담벼락이 기울어져 불안하다며 우려를 표했다. 이어서 할아버지는 담벼락을 다시 지어달라고 요청했고, 곧 온 가족이 나를 둘러싸 이 요구에 힘을 실었다.

그러나 나는 그들에게 이미 여러 차례 설명했던 바와 같이, 이제와서 담벼락에 손을 대는 것은 불가능하다고 단호하게 말했다. 담벼락의 초기 상태와 현재 상태를 담은 사진과 영상을 보여주며, 기울어짐은 신축공사로 인한 변화가 아니라는 것을 친절하게 설명했다. 이렇게까지 해야만 했던 상황이 송구스럽기도 했지만, 이웃과 원만한 관계를 유지하기 위해 어쩔 수 없었다.

이런 노력 덕분인지 옆집 할아버지가 찐 옥수수와 고구마 한 냄비를 건네주셨다. "먹고 힘내~" 약 주고, 아니 병 주고 약 주는 그 말씀에 모든 긴장감이 사라지긴 했지만, 괜히 무거운 마음이 드는 건 어쩔 수 없었다. 이웃과의 관계는 때로는 복잡하지만, 결국 서로를 돌보고 존중하는 마음에서 출발한다.

신축 ONE POINT

- ☑ 공사 전 담벼락 상태를 사진과 영상으로 기록해자. 나중에 발생할 수 있는 민원에 대응할 근거 자료가 된다.
- ☑ 담벼락이 무너지거나 부서지기 쉬우니, 가능하다면 철거 후 다시 짓는 방향으로 이웃과 협의를 유도하자.
- ☑ 이웃과는 싸우지 않는 게 최고다. 신축 후 평생 이웃과 함께 있어야 하기에 상호 존중과 이해가 중요하다.

건물을 다 지었다고 끝이 아니다

오늘부터 건물주 아닌 관리인

건물이 준공 난 이후부터는 임대업자가 되는 것이라고 했다. 건축주는 토지를 매수하는 투자자에서 건축하는 시공자이고, 신축 건물이 준공 나면 이제부터 임대업자가 되는 숙명을 지는 것이다.

임대 사업에 첫발을 디딘 순간, 나는 무한한 기대와 함께 깊은 불안감을 안고 있었다. 건물 앞에는 "주인 직접 임대 중. 전/월세 문의 주세요."라는 현수막이 자리 잡았다. 그러나 준공 이후 며칠이 지나도록 울리지 않는 전화는 나를 깊은 고민에 빠뜨렸다.

이 상황에서 나는 한 가지 전략을 세웠다. 모든 공실을 공개하기보다는 마치 대부분의 방이 이미 임대된 것처럼 보이게 만들어, 남은 몇 개의 공실만을 홍보하기로 한 것이다. 이는 잠재 임차인들에게 우리 건물이 인기가 있으며, 기회가 많지 않다는 인상을 주기 위함이었다. "지금 방 한두 개밖에 안 남았다."라는 식으로 전략적으로 홍보하며, 임대 시장에서의 희소성을 강조했다.

그러나 이 전략도 즉각적인 효과를 보지는 못했다. 준공 후 공사비 대출 전액을 은행에 반환해야 하는 약정이 있었기 때문에, 임대 수익이 절실한 상황이었다. 은행으로부터의 압박은 점점 더 심해져갔고, 이는 나에게 큰 부담으로 다가왔다.

불안감과 압박감 속에서, 나는 종종 동네를 걸으면서 마음의 안정을 찾곤 했다. 아침에 집을 나서면, 발걸음은 저절로 멀리멀리 나를 이끌었다. 걷는 동안만큼은 임대 문의의 부재, 은행 대출의 압박에서 잠시 벗어날 수 있었다. 그러나 마음 한구석에서는 문제의 해결책이 되는 것은 아님을 잘 알고 있었다.

결국 나는 홍보 전략을 다시 한번 강화했다. 전철역, 지하도를 포함해 인근 부동산 사무실뿐만 아니라 주변 지역까지 전단지를 배포했다. 그뿐 아니라 사람들이 모여 있을 만한 곳에 직접 전단지를 붙이기도 했다. 소심하게 눈치만 보던 평범한 직장인이었던 내게 큰 용기였다. 언제나 나를 응원하고 격려해주는 아내와 가족의 힘이었다.

드디어 기다리던 전화가 울렸다. "○○부동산입니다. 지금 집을 보러 왔는데, 공실 상태가 맞나요?" 오랜 기다림 끝에 찾아온 소중한 한 줄기 빛이었다. 그 순간의 기쁨과 안도감은 말로 표현할 수 없었다. 첫 입주자의 보증금 입금 소식을 아내와 함께 기뻐하며, 나는 이 모든 과정이 단순한 임대 사업을 넘어, 우리 가족의 결속을 더욱 굳건히 한 경험이었음을 깨달았다.

어떤 상황에서도 포기하지 않는 지속적인 노력의 중요성, 전략적인 접근의 필요성, 그리고 가장 중요한 것은 가족의 응원과 지지다. 이 세 가지는 임대 사업뿐만 아니라, 인생의 모든 영역에서 나를 이끌어줄 소중한 원칙이 되었다.

무보증 받으세요?

생각만큼 입주가 쉽지 않았다. 흔히들 건물주가 갑의 위치에 있다고 생각하지만, 실상은 전혀 그렇지 않다. 세입자가 빈집에 입주해야 수익이 나는 것이고, 수익률이라는 것도 성립된다. 세입자가 불편함을 이야기하면 해결하고 처리해야 하는 것, 모두 건축주의 몫이다. 그저 허울만 멀쩡한 건물관리인이라고 할 수 있다. 거기다가 전세입자가 나가기라도 한다면 이건 그야말로 큰 사건이 된다.

보증금, 그나마 집주인이 큰소리치는 것처럼 보이는 이유다. 그런데 '무보증 월세'라니, 무보증이 월세란 월세 50만 원이면 보증금도 50만 원만 받는다는 이야기다. 무보증은 집주인 권리 없음을 의미하는 것이다. 그러다가 세입자가 조용히 나가버리면 어떻게 하나? 보증금이 많은 입주자를 받은 경험도 없는데 이런 일들이 생기면 이를 어쩐다? 아직 일어나지 않은 일임에도 걱정됐다.

혼자 며칠을 고민하다가 이웃의 송 사장이 알려준 부동산으로 전화를 걸었다. "무보증 전문, 즉시 입주" 이자도 못 내는 지금의 공실보다는 나을 거라는 판단이었다.

그러나 무보증 월세 조건을 내세워도 연락이 없었다. 집만 지으면 바로 만실이 되는 거 아니었나? 그걸 믿기 때문에 토지를 알아보러 다니고, 입지를 분석하며, 수익성 좋은 수익형 건물을 만들려고 건축사를 찾아서 계획설계를 고민한 거 아니었나? 1인 가구는 계속 늘어나는 추세라고, 고시원도 미어터진다고 하는데 무엇이 잘못된 것일까?

'하긴, 달랑 무보증 세입자 받아놓고 월세가 밀렸다고 바로 도망가면 뒷감당을 어떻게 감당하겠어?' 하며 스스로를 위로했을 때쯤, 무보증 방이 2개가 채워졌다.

신혼부부와 강아지가 남긴 교훈

그중 한 방은 막 스무살이 넘은 신혼부부였다. 입주하고 두어 달 지났을 때부터 월세 납입을 며칠씩 미루어 달라고 하더니, 이런저런 핑계를 대기 시작하는 것이다. 불안했다.

그렇게 몇 달 더 지난 어느 날, 집에서 개 짖는 소리가 난다며 늦은 밤에 전화가 왔다. 누가 개를 키우나 싶어서 마음이 심란했지만, 늦은 밤이라 다음 날 확인해보기로 했다. 그런데 다른 방에서도 똑같은 민원 전화가 왔다. 개 짖는 소리에 잠을 잘 수 없다는 것이다. 싸한 기분이 들어서 당장 달려가 보았다. 주차장에서부터 개 짖는 소리가 들렸다. 301호와 303호에서 민원이 왔으니 302호가 유력했다. 바로 그 신혼부부였다.

전화도 받지 않고 집 안에 인기척도 느껴지지 않았다. 오직 개 짖는 소리만 커져갔다. 지푸라기라도 잡는 심정으로 무보증 월세를 중개한 실장에게도 전화했지만 뾰족한 답이 나오지 않았다. 경찰에 전화해 사정을 이야기했지만, 경찰은 출동할 수 없다고 거절했다. 혹시라도 내부에 사람이 있을 수도 있어 결국 119 구조대가 와서 문을 열고 들어갔다. 문을 강제로 열고 들어갈 때는 법적으로 문제가 될 수 있음을 각오했다. 안은 쓰레기로 가득했고, 깡마른 강아지만 남아 있었다. 젊은 신혼부부는 이미 도망친 뒤였다.

강아지가 있던 그 지옥 같은 방은 청소하는 데만 수십만 원이 들었고, 도망간 신혼부부를 생각하면 여전히 화가 난다. 이런 종류의 일을 몇 번 겪고 나니, 점점 냉정해져 간다. 건물주도 사람이고, 세입자도 사람이다. 가끔 사람이 겪어야 할 일을 짐승처럼 겪게 되는 게 힘들지만, 아직은 사람을 믿어보고 싶다. 사람이 살고 쉬고 만나는 신축의 꿈은 이제 시작이니 말이다.

신축 ONE POINT

- ☑ 어떤 상황에서도 지속적인 홍보의 중요성을 결코 간과해서는 안 된다. 전략적인 접근 방식이 필요하다.
- ☑ 무보증 임대라도 계약서에 모든 조건을 상세히 명시해야 미래의 분쟁을 예방할 수 있다.

무보증 월세 계약서 작성 시 주의사항

☑ 계약서에 다음의 조항을 추가함으로써 세입자가 임대 조건을 위반했을 때 건물주가 취할 수 있는 조치를 명확히 하고, 세입자의 도주를 방지하는 데 도움을 줄 수 있다.

1. **보증인 설정:** 세입자의 보증인을 설정해 세입자가 임대료를 지불하지 않거나 도망갔을 경우 보증인이 책임을 지도록 한다. 이는 재정적 책임을 보증인에게도 부여해 세입자의 도주 위험을 줄이는 방법이다.
2. **신분증 및 연락처 제공:** 세입자로부터 신분증 사본과 비상 연락처를 받아두어, 문제 발생 시 신속하게 연락할 수 있도록 한다. 세입자가 문제를 일으키고 사라졌을 때 추적하는 데 도움이 된다.
3. **임대료 연체 시 조치:** 계약서에 임대료가 일정 기간 연체되는 경우 취할 수 있는 조치(예: 계약 해지, 법적 조치 등)를 명시한다.
4. **출입 통제 권한:** 임대료 연체나 기타 계약 위반 시, 건물주가 일정 조건하에 세입자의 주거 공간에 접근할 수 있는 권한을 가지도록 하는 조항이다. 이는 최후의 수단으로 사용되며, 법적 조건을 충족해야 한다.

신축은 새로운 사업의 기회

짓기만 하면 될 줄 알았지

부동산을 사기만 하다가 지어보니 신세계였다. 이미 시장에 나와 있는 부동산 물건을 매수해서 임대하고 매도하는 것과는 차원이 다르다. 입지도 내가 선택하고 집을 지을 건축사, 시공사 그리고 중개사 무실도 직접 발로 뛰어야 한다. 멋지기도 힘들기도 한 게 사실이다.

하지만 원가로 새 건물의 주인이 되는 일이다. 더욱이 내가 설계부터 임대까지 모두 구상하는데 신축은 임대뿐만 아니라 내가 직접 사업을 할 수 있다는 것이 제일 큰 매력이다.

처음 신축1호점을 준공했을 때, 코로나19로 인해 대학생들은 자취를 하다가도 집으로 들어가는 추세였다. 한마디로 원룸 임대 시장이 죽을 쑤고 있었다. 새 건물만 지으면 세입자들이 득달같이 달려들 것이라고 생각했는데 허무하고 우울했다. 맨 위층에서 부동산 중개사무실의 전화만 기다리던 나날이었다. 전단지를 뿌리고 중개업소에 읍소하며 다녔다.

신축을 짓고 1층에 시작한 무인빨래방 사업을 시작한 것도 애매했다. 입지도 애매했지만 '여기가 될까?' 하는 의문이 계속 들었다. 무인빨래방 프랜차이즈 사장은 6개월~1년은 자리 잡는 시간이라고 이야기해주었지만, 임대도 잘 나가지 않은 상태에서 무인빨래방 손님도 없어서인지 우울함은 더 커져갔다.

부동산의 활용 가치

이런 생각을 해 보았다. 만약 내가 이 자리에 어떤 사업을 펼친다면 어떤 결과를 가져올지 먼저 알 수 있을까? 만약 100%의 결과를 예측해준다면 모두가 부자가 될 수 있을 것이다. 나는 이 입지에서 어떤 업종이 타당한지 컨설팅을 받아보았다. 무인빨래방은 열 가지 추천 업종에 들지도 않았다. 하지만 무인업종 사업을 해보고 싶었고, 결국 무인빨래방을 선택했다.

그렇다. 내 건물 내 입지에서는 스스로 해야 한다. 어느 정도 감도 있어야 하고, 이론에 근거해서 분석도 할 줄 알아야 하지만, 모두 예측이다. 부동산도 주식도 코인마저도 모두 예측해서 매수하는 것이다. 100% 정확하지 않다. 하물며 한 건물 건너 하나씩 있는 편의점도 대기업의 업종컨설팅과 분석을 거쳐 오픈하지만, 우리가 모르게 부지기수로 폐업을 하는 곳이 많다.

신축은 부동산이다. 임대를 목적으로 신축했지만, 그 안에서 사업도 할 수 있고 심지어 에어비앤비 운영도 할 수 있고, 사무실로도 쓸 수 있다. 꼭 임대만이 답은 아니다. 여러 가능성을 가지고 있는 것이다. 이 점이 아파트나 주택과 다른 점이다.

참고로 무인빨래방의 안정적인 매출은 1년이 지나서 이루어졌고, 다른 건축주는 임대 시장이 안 좋을 때 에어비앤비 운영으로 적잖은 수익률을 실현했다. 여러 가지 운영이 가능한 것이 신축 건물이다. 이게 부동산의 참 매력 아닐까?

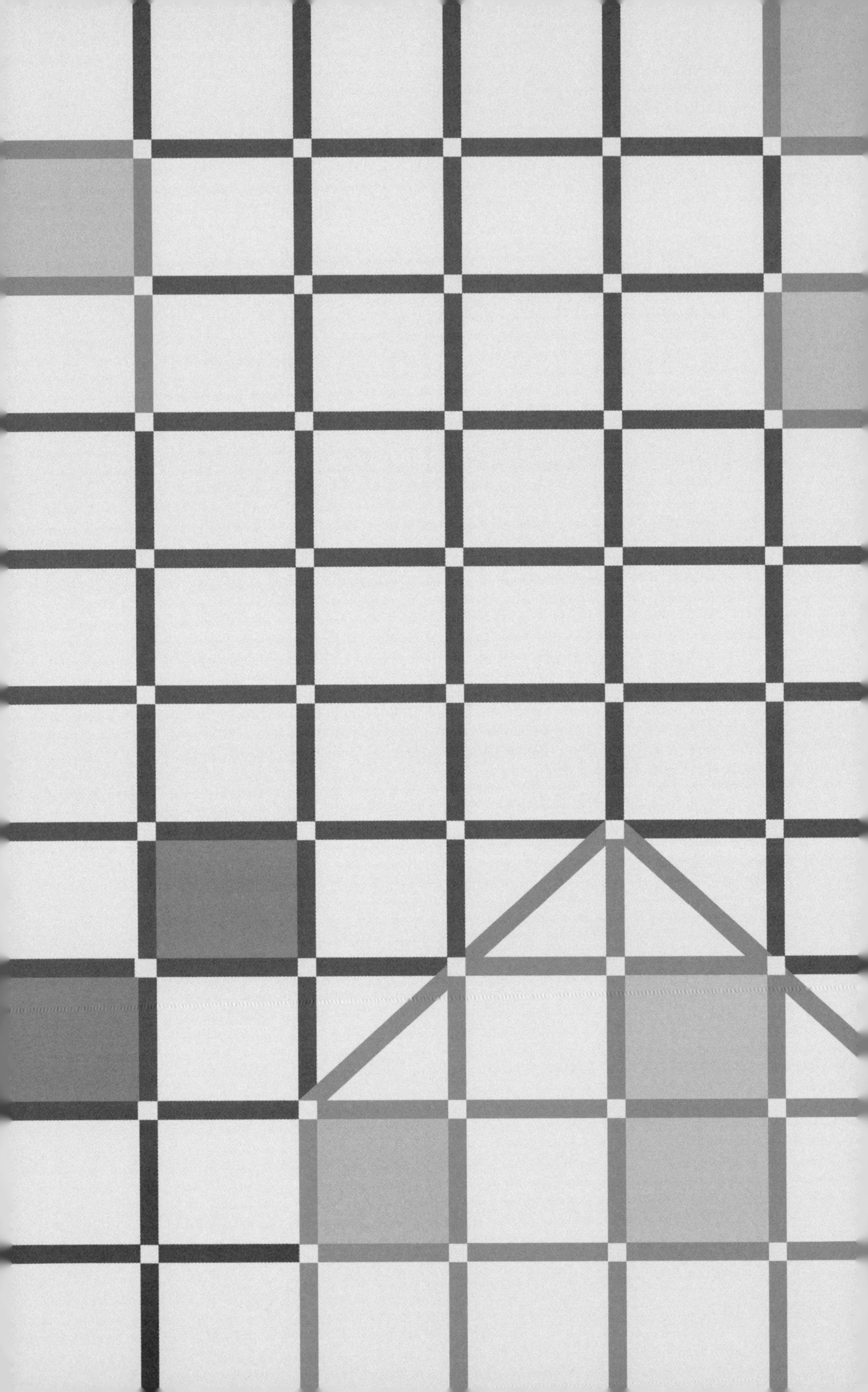

PART5

연달아 신축 두 채, 그 과정에서 얻은 것

두 번째 신축을 통해 깨달은 점

신축을 한 번만 한 사람은 없다고, 신축의 모든 공정을 한 번 겪어보니 선무당이 되었다. 다 알 것 같고, 만만해 보이기 시작한 것이다. 더욱이 첫 신축이 중반 정도 접어들 즈음 부동산에서 툭 하고 던져 준 물건이 내 눈을 사로잡았다. 첫 현장에서 킥보드로 20~30분 정도 걸리는 거리에 있었다.

기대와 설렘로 현장 주위를 맴돌았다. 동네 분위기를 보는 것이다. 전철역과의 거리, 상업지역과 거리, 그 외 편의시설과 문화시설이 어떤 게 있는지 살펴본 나는 그 동네 매력에 이미 푹 빠져 있었다. 현재 공사 중인 신축 현장은 자의 반 타의 반으로 선택한 지역이라면, 이곳은 오롯이 스스로 판단하고 선택해야 하는 입지였고 별 어려움이 없이 선택했다.

대지 몇 평에서 몇 개의 방이 나와야 수익성이 난다는 것은 첫 신축을 하면서 집에서 매일 밤 숫자놀음을 한 덕에 어렵지 않게 계산할 수 있었고, 무엇보다 내가 지은 신축에서 한 번 살아 보고 싶다는 욕심 아닌 욕심이 났다. 물론 급매라는 이유도 있었다.

거주와 현금흐름을 동시에 만들어내고 싶었다. 다 성장한 아이들의 독립된 공간을 마련해주기 위해 5층으로 구상했는데, 충분히 거주 공간이 만들어짐을 확인했다. 전세자금 대출을 받고 이자를 내느니, 차라리 신축 건물에 거주하면서 월세를 받는 구조라면 안 할 이유가 없었다.

선무당이 된 예비 건축주가 첫 번째 신축 현장이 마무리되지 않은 상태에서 욕심부터 낸게 화근이었지만, 두 현장 다 잘 마무리되어 값진 경험을 얻었다.

두 번째 신축, 괜찮을까?

무리인 걸 알면서 왜 두 번째 신축 토지를 무턱대고 계약했는지, 집장사들이 하는 구조를 예로 들어 설명해보고자 한다. 이런 구조를 배우라는 것이 아니다. 신축에서 자금마저 허덕이면 힘드니, 자신의 처지에 맞는 상황을 먼저 살펴보고 하라는 충고로 들었으면 한다.

1. 토지는 최소한 계약금 10%만 있으면 계약이 가능하다.
2. 계약금 10%만 내고, 잔금대출은 최대한 90%에 맞출 수 있는 대출상품을 찾아낸다.
3. 잔금 전 설계도면을 완성해서 매도자 명의로 신축허가를 진행한다.
4. 잔금과 동시에 철거를 시작한다. 이때 철거비와 기초 골조 토목공사는 월말 기성자금• 대출 실행을 약속으로 후불계약한다. 그러면 업자들은 기성자금 대출을 빨리 받기 위해 속도를 중요시한다.
5. 공사가 시작되면서 공사대금은 매월 말 후불이나 준공 후, 혹은 임대 후 주겠다는 신용약속으로 진행한다.
6. 준공이 나면서 공사비에 대한 지급조건은, 다음 현장을 계약했으니 거기서 모두 정산해주겠다고 지연시킨다.

이런 식으로 토지비 10%만 가지고 토지를 사서 공사를 시작한다. 여러 개 현장을 이끌며 최대한 빨리 진행한다.

이론상 은행의 공사비 대출이 신축 건물 공사비의 100%라면 이 이론이 가능하겠지만, 은행대출금만으로는 준공까지 갈 수 없다는 것을 은행도 건축주도 시공사도 모두 알고 있다. 그러면 왜 이런 현

• 기성자금(PF대출)은 신축공사비 대출상품으로 앞으로 지어질 공사비에 대해 공사진척률 %에 따라서 대출이 실행된다.

〈전〉 〈후〉

두 번의 신축, 전과 후

상이 일어날까? 한번 생각해볼 문제다.

자칫 건축주가 준공 이후에 임대가 지연되거나 임차인을 빨리 들이지 못한다면, 혹은 분양하고 그 분양대금으로 신축공사 업자들에게 시공비와 각종 공사대금을 지급해야 하는데 분양이 안 된다면, 아마 그들의 묘책은 다른 곳의 토지를 다시 계약하고 그 현장을 빌미로 시공사와 인부들을 끌고 가는 시나리오다.

정말 은행 대출금만으로 신축공사를 한다면 이 시나리오가 맞을 수 있지만, 그렇게 쉬웠다면 아무나 다 신축으로 돈을 벌었을 것이다. 안타깝게도 이런 집장사들의 말만 철석같이 믿고 서너 군데 현장을 함께한 착한 시공사나 개인업자가 물린 경우가 많다.

그런데 주변 여러 건축주와 이야기를 나눠보니 대부분 대출 줄타기를 하고 있었다. 오죽하면 '난 이미 늦었나?' 하는 생각까지 들었다. 두 번째 신축에 관심이 생기는 참에 마침 급매 물건이 나왔고 직접 지은 신축에서 살아보고 싶다는 이 세 가지가 맞아떨어져서 덜컥 두 번째 신축부지를 계약하게 된 것이다.

지금 와서 생각하지만, 철저하게 방향성을 잡고 스스로 자금 사정을 고려해서 하나를 마무리 짓고 다른 하나를 출발시켰어야 했다. 자금이 여유가 있더라도 말이다.

만약 신축 경험이 두 번 이상 있고 신축공사 자금 외 여유자금까지 있다면 위에서 말한 이어하기 전법이 제법 통하기도 한다. 애초에 두 현장을 계약해 시공사와 인력을 확보한다면, 총 단가를 낮추어 신축할 수 있고 총면적으로 재료비도 산출하니 공사비를 낮출 수 있는 경쟁력이 확보되는 것이다.

할 수 있는 것 vs. 할 수 없는 것

신축을 진행하면서 내가 할 수 있는 것과 없는 것을 나눠서 생각해야 할 필요가 있다.

내가 할 수 있는 것	내가 할 수 없는 것
1. 입지 선택 2. 건축사 선택 3. 대출 은행 선택 4. 시공사 선택 5. 취득세 및 등기 치기	1. 시공

맞다, 내가 할 수 없는 것은 '시공'뿐이다. 공사 현장에서 공사를 할 수 없는 사람임을 빠르게 인정하면 다른 대안을 찾을 수 있다. 내가 직접 시공할 수 없으니 시공을 잘하는 사람을 만나거나, 시공을 잘하는 회사를 만나거나, 믿을 만한 시공사를 찾으면 된다.

내가 할 수 있는 것을 보자. 그냥 거의 모든 것을 내가 해야 한다. 하나씩 살펴보자.

내가 할 수 있는 것 1. 입지 선택

신축한다고 하면 토지를 선택해줄까? 물론 그럴 수 있다. 어떤 토지가 더 저렴한지 임대가 잘 나갈 것인지, 분위기가 어떤지, 향후 동네 비전이 무엇인지 이제는 보이기 시작한다.

하지만 어려운 일이다. 세상 100%는 없기 때문이다. 그래서 스스로 공부하고 준비해서 계약해야 한다. 누군가의 도움을 받았을 때 결과가 안 좋으면 도와준 사람을 원망하게 된다. 그러니 스스로 선택하고 계약해야 한다.

신축의 입지도 부동산을 바라보는 입지분석과 별다르지 않다. 따라서 전체적인 산을 바라보는 부동산 입지 공부는 꾸준히 해야 한다. 꾸준히 지속적으로. 특별한 비법은 없다.

내가 할 수 있는 것 2. 건축사 선택

입지가 정해졌다면 그다음 중요한 것은 설계다. 당연히 설계는 내가 할 수 없다. 여기서 내가 할 수 있는 것이라고 표현한 이유는 건축주의 의견을 그만큼 잘 반영해야 한다는 것이다. 한 번 쓱 그리고 난 후에 변경하기 싫어한다면 갈등이 끊이지 않을 것이다. 시공사보다 먼저 만나게 될 건축사, 실력도 중요하지만 더 중요한 것은 건축주와의 궁합이다.

건축사를 만난다면 먼저 전공이 무엇인지 확인해봐야 한다. 일반 세무사가 신축 관련된 세무 상담을 수월히 못하듯이, 건축사도 각각 특징이 있다. 건축주가 원하는 게 소형 원룸이라면, 소형건축물을 잘하는 건축사무실을 찾아야 한다. 그리고 대화를 나누면서 나와 합이 잘 맞는지가 확인하자. 공사를 하다 보면 설계 변경을 하게 될 것이고, 무엇보다 초보 건축주를 위해 신축허가부터 준공서류를 챙겨서 준공까지 모두 설계사무실에 도움을 받아야 한다.

나 역시도 건축사무실에서는 단순히 설계 업무만 한다고 생각했다. 하지만 민원 해결부터 공사가 막힐 때는 자세하게 자문해주기도 했다. 변덕스러운 초보 건축주를 어르고 달래주며 잦은 설계 변경도 흔쾌히 행동으로 보여준 설계사님과 지금까지 인연을 이어오고 있다.

내가 원하는 건물 스타일의 실력자와 나와 성격이 잘 맞는 건축사를 고르자. 우리가 설계할 수 없지만 내 표현을 도면에 그려주는 편안한 조력자와 반드시 인연을 만들자.

내가 할 수 있는 것 3. 대출 은행 선택

신축은 편안하게 흘러가는 일정이 아니다. 민원이 기다리고 수많은 계약과 행정업무를 건축주의 단 한 사람 명의로 진행하는 종합예술이다. 시공사가 공사를 해주지만, 최종 책임자는 건축주다.

모든 것이 시작 전에 정해져 있어야 하는데, 특히 대출이 그러하다. 준공을 마치고 난 후, 토지와 신축자금 대출금은 어떻게 남겨두고 가져갈지 처음 토지 계약을 받을 때부터 은행과 약속이 되어야 한다.

구축을 매수할 때 토지 대출을 받고, 사실 토지매수 때부터 신축공사 자금 대출도 같이 받겠다는 약속을 해야 한다. 건축주 자신의 자금 사정에 맞는 토지 대출상품을 골라야 한다. 반드시 사전에 은행과 대출상담사한테 원하는 상품이 어떤 것인지를 이야기하자. 몇 가지 사례를 들어볼 테니 케이스를 보고 자금계획을 맞추기를 바란다.

1. 토지 대출을 받기 전, 그 은행에서는 건축자금 대출상품이 있는가?

   토지대출은 대부분의 은행에서 취급하지만, PF대출 상품을 다루는 곳은 많지 않다.

2. PF대출을 실행하는 방식과 지급 방법은 어떻게 이루어지나?

   보통은 시공사의 보증과 현장을 확인해 진척도(공사 진행 정도)에 따라서 신청하면, 확인 뒤 지급하는 방식이다. 대부분으로 4차로 분할해서 진행한다.

3. 토지와 PF대출 상품은 종료와 연장조건을 확인했는가?

   준공 이후에 모두 일시상환인지, 전세금을 받아서 기간 안에 조금씩 상환해도 되는지를 사전 약속을 해야 한다. 건축주는 전세금을 받아서 공사자금 대출을 조금씩 상환하려 했으나, 은행 측에서는 일정 기간 안에 일시상환하라고 하면 낭패다. 사전에 상환 조건을 확인해야 한다.

4. 얼마나 대출금을 남길 수 있는가?

   보통은 준공 이후에 은행상품을 갈아타거나, 대출금 일부를 남기는 조

건을 약속한다. 맨땅 위에 새로운 건물이 만들어졌으니 명의를 부여해야 한다. 이 과정을 '등기친다'라고 표현하고, 등기치는 동네에 은행 대출을 어떻게 남겨야 할지 최종 결정을 내려야 한다. 물론 등기 후에 몇 번의 대출상품을 갈아탈지는 본인의 선택이지만, 대부분은 준공 후 등기 전 에 갈아타기를 고민한다.

대출은 토지와 건축자금 각각 상품으로 진행했을 것이다. 건축자금은 모두 준공과 함께 모두 상환해야 한다. 대출에 상환 방법도 중요하니 몇 가지 기준을 이야기해보겠다.

1. 등기 후 신축 건물은 신탁/근저당 어떤 상품을 선택할 것인가?

일반적인 담보제공으로 대출을 받는 것이 근저당 대출이고, 전세 임차인을 받을 수 있다. 근저당 담보로 대출을 받을 때는 신축 건물의 빈방 대문 개수만큼 일정 금액 은행에서 공제하기 때문에 담보가치가 떨어진다. 그래서 대출 총량이 줄어들 수 있다. 그렇기에 토지 대출을 준공 후에도 남기는 방법이 좋아 보인다.

신탁대출은 신축 건물의 대문 숫자만큼의 방 공제 금액을 제하지 않는다. 그래서 대출금이 많은 편이다. 하지만 신탁은 은행이 실질적인 수인이 되어서는 전세를 받게 되면 보증금을 모두 은행에 맡겨야 한다. 월세 현금흐름을 노린 신축이라면 당연히 신탁은 월세 임차만을 받기 위한 전략이다.

2. 신축자금 대출은 기한 내 분할상환이 가능한가?

가능해야 전세금으로 분할상환이 가능하고, 그뿐만 아니라 공사자금 일부(은행/시공사)도 전세자금을 받아서 상환이 가능한 것이다.

3. 토지자금 대출금을 준공 후에도 상환 없이 계속 이어갈 수 있는가?

2022년 현재까지 대출에 대해 엄격하고, 어려워지고 있다. 가능하면 처음부터 토지 대출 부분은 최대한 상환 없이 남겨두는 방법도 좋아 보인다.

토지 대출 상품은 대부분 취급하지만, 신축자금 대출은 한정적인 상품이다. 두 가지 상품을 별개로 진행하는 곳은 사실 안 된다. 한 은행에서 토지 대출을 받았는데, 그 은행에서 신축자금 대출상품이 없다면 정말 곤란하다. 그러니 신축자금 대출이 되는 은행과 처음부터 연락해야 하고, 위에 열거한 조건 중 나와 맞는 상품이 있는지 서로 협의를 잘해야 한다. 잘 모르겠다면 은행 대출 전문 상담사를 이용하는 것도 한 방법이다.

내가 할 수 있는 것 4. 시공사 선택

우리는 시공을 할 수 없다. 하지만 시공사는 선택할 수 있다. 설계도면이 나오면 좀 더 구체적인 시공항목을 선택해서 여러 시공업체에게 비교견적을 받아보자. 시공사의 비교견적은 견적조건이 같아야 비교를 할 수 있다. 보통 건축주가 리스트를 만들어서 주는데, 초보 건축주라 모르겠다면 건축사에게 부탁하면 된다.

여기서는 최소한의 리스트를 정리해보았으니 참고하자.

1. 철거를 포함한 공사인지
2. 시공사 공사로 인한 민원의 책임소재 여부
3. 철거 후 준공까지 기한
4. 골조 공사의 기한
5. 현장소장의 기용 여부
6. 신축 현장의 식대 지급 주체
7. 준공날짜 지연 시 '지체부담금' 확인
8. 국세, 지방세 납부 확인서 확인
9. 건설면허 확인/번호 확인.
10. 꼭 시공사 사무실 방문해서 계약하기
11. 시공사에서 신축한 건물 방문해보기(기회가 되면 시공한 건축물의 건축주를 만나 이야기를 들어보기)

왜 이런 리스트를 만들었을까? 우리는 시공을 모르니 시공을 잘하는 사람을 선택하겠다는 마음으로 접근하는 것이다. 어설프게 아는 지식으로 덤비지 말고 일 잘하는 시공사는 만나야 한다. 그 시공회사를 견줄 만한 사람이 바로 PM이고, 좋은 시공사는 PM 없이도 훌륭하게 일을 잘해준다.

내가 할 수 있는 것 5. 취득세 및 등기 치기

앞서도 이야기했지만, 등기와 취득세 신고를 건축주가 직접 해보라고 원한다. 셀프 등기에 관한 유튜브 등 자료가 많으니 참고하자. 또 취득세를 내기 위해 세금계산서를 정산하고 복기하는 과정은 다음 신축 때 도움이 된다. 처음이라 겁이 난다면 외부의 도움을 받아도 좋다. 다만 그 과정에 꼭 함께하도록 하자.

깡통전세보다 무서운 업자들 등쳐먹기

요즘은 어떨까?

별것 아닌 것 같지만, 돌이켜보면 참으로 대단한 일을 해낸 것 같은 느낌이 들 때가 있다. 다른 사람들이 하나둘 신축을 성공적으로 마무리하며, 마치 어떤 비밀의 공식을 알고 있는 듯한 모습을 보면, 나도 그런 성공을 꿈꾸게 된다.

왜 나는 연이어 두 개의 신축 프로젝트를 시작했을까? 아마도 조금 뒤처졌다는 느낌과 처음 신축 건물이 올라갈 때 '내가 지은 건물에서 살아보고 싶다.'라는 생각이 큰 몫을 했을 것이다. 물론 주변 사람들과의 이유 없는 욕심과 경쟁심리도 있었다.

신축 계획을 세우고 있을 때만 해도, 부동산 시장은 마치 하늘을 찌를 듯한 상승세를 보였다. 서울 강남을 선두로 수도권, 지방 할 것 없이 부동산 열기가 무섭게 달아올랐던 시절이었다. 나라에서 매일같이 부동산 각종 규제를 쏟아내도 아랑곳하지 않고 여기저기 자고 나면 오르는 게 아파트 가격이었다. 하지만 부동산 시장의 열기가 식기 시작하면서 전세 가격이 내리기 시작했고, 그 결과로 역전세가 발생하는 경우가 점점 늘어나기 시작했다.

깡통전세라는 단어가 얼마나 무서운지 실감나기 느껴지기 시작했다. 10억 원짜리 집에 같은 금액의 담보와 전세금이 설정되어 있다는 것은, 사실상 그 집이 껍데기만 남았다는 의미다. 그 껍데기 속에서 세입자가 살아간다는 상황이다.

주인 입장에서는 자기 돈을 더해서라도 전세금을 반환해주고 싶겠지만, 실상은 전세 시장이 얼어붙어서 새로운 전세입자를 찾기가 어려운 상황이다. 이러한 상황에서는 깡통전세가 되어버린 주인은 큰 위기에 직면하게 된다. 그리고 전세금 반환 문제뿐만 아니라, 은행 대출이자조차 내지 못하는 상황까지 이르게 되면, 상황은 더욱 심각해진다. 깡통전세, 전세사기라는 사회 분위기로 서울에서조차 전세 문의가 없어서 최근 신축 건물을 준공을 마치고도 힘들어 하고 있다. '이렇게 전세 시장 분위기가 확 바뀔 수 있는 거구나.' 하며 또 배우고 반성하게 된다. 모든 변수에 대응할 수는 없지만, 변수를 최소화하고 위험요소를 줄이는 게 얼마나 중요한지 무식하게도 매번 몸으로 배우게 된다.

공사비 부적절 사용

신축 건물을 짓는 과정에서 또 다른 문제는 일부 건축주들이 공사비를 부적절하게 사용하는 경우가 발생한다.

어떻게 건축주가 신축공사 시공업자들의 돈을 떼먹을 수 있을까? 혹시 이런 글을 이야기하면 선의의 피해자가 더 생길지 모르겠지만, 기도 안 차는 일들이 빈번하게 일어난다는 사실이 현실이니 어이없는 상황을 들어나 보고 공사판의 체감을 느끼기 이해했으면 한다.

은행에서는 공사진척도에 따라 미리 약정해 놓은 금액의 퍼센트만큼 건축주를 통해 대출을 실행한다. 이게 바로 공사비 대출(PF상품의 일종)이다. 이 돈을 은행에서 받아서 시공사한테 건네주면 시공사는 여기저기 재료비와 인건비를 지급하는 단순한 결재 구조가 된다. 문제는 이 부분에서 생긴다.

모두가 그런 건 아니지만, 은행에서 공사 결제금액으로 결제하라고 대출해준 비용을 가지고 건축주는 다음번 신축공사 토지 매수 비용으로 사용을 한다. 이게 무슨말일까? 현재 신축공사를 하는 곳 말고 그다음 신축할 곳에 토지를 미리 매수하다니? 그것도 은행돈으로 말이다. 이런 말도 안 되는 상황이 신축공사판에서는 말이 된다 (이런 걸 방지하기 위해 은행에서는 결제대금을 직접 공사한 하청업체 계좌로 직접 송금해 주기도 한다).

그러면 시공사한테 전해줄 신축 현장 공사비 결제는 어떻게 해야 하나? 이 부분이 제일 궁금했다. 아니, 은행에서 빌리는 돈은 공사비 결제금액에 사용하기도 모자란 금액인데, 건축주들은 숨겨둔 비장의 비상금이 있나?

없었다. 신축 현장에 결재는 '자재비 정도의 일부 금액만 결재하고 나머지 완불은 다음 공사지에서 드리겠습니다'라는 말로 두 번째 공사 현장까지 미리 이번 시공사와 예약을 하는 것이었다. 은행에서 대출받은 자금이 다음 프로젝트의 토지 매수 비용에 사용되고, 그로 인해 현재 프로젝트의 공사비가 부족해지는 경우가 있다. 이러한 방식으로 공사비를 돌려막기하는 상황으로 끌고 가고, 결국 많은 문제를 일으킨다.

이게 말이 될까? 이곳 공사 현장 말고 그다음 공사 현장도 있으니 그 현장에서도 너희 시공사와 일을 할 꺼야 그러니, 결재를 조금 미루어줘. 두 번째 현장이 완공되면 그때 공사비를 완불 처줄게.

은행에서 지금 현장의 공사비를 결제하라고 빌려주었는데, 그 돈으로 다음 신축을 지을 곳에 미리 토지를 산다는 게 말이 될까? 못된 건축주들은 이 짓을 하고 있었다. 왜냐면 토지는 매매가의 5%만 있어도 계약을 걸 수 있고, 30%만 있으면 명의를 가져올 수 있기 때문이다(잔금은 대출로 가능).

인천의 토지는 저렴하게 평당 700만 원에도 급매를 살 수 있으니, 50평 크기의 토지 매수비용은 3억 5천만 원이고 이 중 10% 계약금 3,500만 원 있으면 토지 계약을 할 수 있다. 이 중 30% 내 돈 1억이면 50평 대지의 명의를 내 것으로 만들 수 있기 때문인데(나머지 은행 대출로 잔금가능), 이렇게 계약한 곳을 바로 설계도를 작성해서 구청 신축허가를 맞으면, 공사비 대출을 다시 일으킬 수 있는 구조인 것이다.

그렇게 두 번째 현장도 신축공사를 일단 시작해서 바닥기초 공사라도 마무리하면 공사비의 30%가 또 대출로 나오니, 처음 현장에 다시 이 돈을 수혈해서 공사비를 지급하면 시공사를 달래면서 두 번째 현장까지 올 수 있다. 시공사 입장에서는 두 번째 공사도 수주받은 기분을 가지고 즐겁게 두 번째, 세 번째… N번째 반복되면서, 이렇게 저렇게 그렇게 못 받을 돈의 액수는 점점 더 늘어나게 되는 원리다.

과연 비법이라고 할 수 있을까?

한국인은 역시 천재다. 이걸 어떻게 생각해 냈을까? 가령 생각을 했다고 해도 이걸 시도한 사람이 있을까? 의외로 많다.

그래서 현장에서 시공하는 업자들과 곰방을 하며 점심밥을 먹고 이야기를 나누어 보면 건축주와 시공업체 하도급 사장님들의 마인드는 완전히 다르다. 건축주야 돈을 조금 더 주고서라도 이쁘게 마감선을 잡고 싶고, 부지런히 서둘러 빨리 준공 내고 싶은 마음이지만, 업자들 마음은 마인드는 다르다. 현장에서 일하는 업자분들은 자칫 내가 자재비 구매해서 일해주고 인건비도 못 받으면 어쩌나 하는 마음으로 열심히 일하지만 그리 편해 보이지 않았다. 왜? 위와 같은 방법으로 공사비 결재를 한 두 번 못 받아본 업자들이 생각보다 많기 때문이다. 이게 말이 되나? 된다. 내 옆 단지에서 신축하던 건축주도 그런 분이었다.

공사비가 막히면 신축을 한다. 신축공사를 해야 돈이 돌고 돈다. 돈이 돌지 않으면 큰일 나기 때문이다. 이 공식은 정말 부동산 시장이 활황에도 엄청난 리스크를 지니고 있다. 한 곳만 삐끗하면 부도 이상의 충격이 따르게 된다.

그런데 이런 돈이 돌고 도는 과정에서 이 공사비도 개인의 치부에 사용한다는 이야기를 들은 적이 있다. 은행에서는 신축공사를 하라고 빌려준 공사비를 다른 곳에 사용하고, 심지어 개인 치부에도 사용하니 공사비가 모자란 건 당연한 결과라 볼 수 있다. 은행에서 빌려준 돈 모두와 내 호주머니를 탈탈 털어도 모자란 공사비인데, 건축주의 비극은 이렇게 슬픈결말을 암시하며 흘러가는 모습을 주위 건축주들한테 여러 번 보았다.

같이 공사를 하면 공사비 단가도 낮아질 수 있으니 두 번째 신축도 함께하자고 제안했던 이봉구 건축사도 있었다. 나와 두 번의 신축을 함께한 그 건축사다. 그는 현장소장 역할까지 열심히 해주겠다고 하며 친절하고 성실한 모습을 보였다. 하지만 그의 진짜 의도는 다른 곳에 있었다. 진짜 의도를 알게 된 것은 2년이라는 시간을 지나서였다.

그는 자신의 신축 공사비를 다른 현장에서 결제하도록 해서 이중계약과 본인의 공사비를 타 현장에 소개해주며 같이 태우는 짓을 저질렀다. 심지어 지금도 업자들에게 소송을 당하면서 2심을 진행 중이다. 역시 중요한 건 계약서지만, 신뢰를 바탕으로 작업하는 줄 알았던 터라 허탈함까지 느껴졌다.

앞에서 이야기한 깡통전세도 비슷한 경우다. 누가 전세임대 시장이 개미새끼 한 마리 문의조차 없이 얼어붙을 것이라고 상상이나 했었겠는가? 전세를 받아도 나라에서 지정해준 전세 보증보험 126%(공시지가의 126%, 단독주택의 경우) 내에서 받아야 하고, 방 개수가 많다면 최소한 신축 건물에 잡힌 은행대출의 이자와 관리비를 받을 정도의 월세는 돌려야 하는 게 경매의 비극을 막을 수 있는 것인데, 원룸 전체를 전세로 받아서 놀리니 은행이자에 허덕이고 이어서 입주할 전세입자라도 없으면 고통이 시작되는 것을 정말 몰랐을까?

이런걸 부동산 투자의 비법이라고 이야기할 수 있을까? 3천만 원으로 30억 건물주 되기라고 강의팔이나 유투브를 찍어서 내보면 그게 사람일까? 처음 듣는 풍차돌기기 비법이라는 말에 신기했다. 평생을 직장생활한 나도 계속 질문을 해보았다.

"그래서요? 그래서 마지막에는 시공사 외상을 어떻게 변제해주는 건가요?" 이 답을 듣는데 3년이 넘게 걸렸다.

이렇게 깡통전세의 언론 보도에 이어서 나온 게 신축왕 이였고, 결국 그 공사대금은 결재하지 못해 소송을 진행한다는 이야기를 최근에 다른 업자분과 이야기하다가 우연히 듣게 되었다. 돈을 계속 돌게 만들어야 한다는 의미는 돌려막기였고, 이론상 가능해 보였던 건 부동산 활황기였기 때문에 잠시 눈에 보이는 변수조차 무시했던 것으로, 결국 남의 돈으로 신축을 하며 돌려막기를 하고 분양과 임대가 안 되어서 사기꾼을 몰렸던 것인데, 다분히 시작부터 그런 마음을 먹고 있지 않았을까 씁쓸한 추측을 해 본다.

신축을 통해 얻은 것

신축을 하면 10년 늙는다고들 한다. 민원이 많아서 지치기도 하지만, 변수가 많기도 하기 때문이다. 자주 바뀌는 세금의 변수들 규제의 변수들 임대시장의 변수들 신축환경의 변수들. 집 하나 짓는데 이 모든 변수는 오롯이 건축주 혼자 감당해야 할 몫이다.

어렵게 어렵게 모든 역경을 이기고 준공까지 해서 임대를 맞추려고 하는데 전세문의 씨가 말라 있다(2024년 2월). 시간이 지나서 이후 전세시장은 어떻게 바뀔지 모르겠지만 지금은 전세임대가 나가지 않아서, 신축한 건축주들이 여기저기 돈을 빌리느라 정신이 없고, 힘들어하는 한탄을 내가 운영하는 신축단톡방에서 자주 보게 된다.

이 모든 상황을 통해 신축 프로젝트가 단순한 경제적 이득을 넘어서서, 많은 도전과 어려움을 동반한다는 것을 깨닫게 된다. 하지만, 이러한 경험을 통해 배운 교훈은 미래를 향해 나아가는 데 있어 큰 자산이 될 것이다. 신축 프로젝트를 통해 얻은 경험과 교훈은 단순히 건물을 지은 것을 넘어서는 가치를 가진다.

신축 과정에서 마주치는 수많은 도전과 변수들은 건축주로 하여금 계획의 중요성, 위험 관리의 필요성, 그리고 인내의 가치를 일깨워준다. 또한, 신축 프로젝트는 건축주에게 자금 관리와 시간 관리, 인간관계 관리 등 다양한 측면에서의 관리 능력을 요구한다. 이러한 경험은 개인의 성장뿐만 아니라, 다양한 사업에서도 적용 가능한 귀중한 자산이 될 수 있다.

특히 신축 프로젝트를 통해 얻을 수 있는 가장 큰 교훈 중 하나는 '인내와 끈기'다. 예상치 못한 문제가 발생했을 때 포기하지 않고 해결책을 찾으려는 태도는 모든 분야에서 성공적인 결과를 이끌어내는 핵심 요소다. 이와 함께, 프로젝트 과정에서 형성되는 다양한 인간 관계는 신축 이후의 건물 운영 및 관리에 있어서도 중요한 역할을 한다. 신뢰를 기반으로 한 관계는 임대인과 임차인 간의 원활한 소통, 문제 발생 시 신속한 해결을 가능하게 하며, 장기적으로 안정적인 임대 사업 운영에 기여한다.

또한 신축 프로젝트는 건축주에게 재무 관리의 중요성을 깊이 인식시킨다. 예산 계획의 수립, 자금 흐름의 관리, 예상치 못한 비용에 대비한 예비 자금의 준비는 신축 프로젝트 뿐만 아니라 모든 사업에서 필수적인 요소다. 이러한 재무 관리 능력은 신축 프로젝트를 성공으로 이끌 뿐만 아니라, 개인의 재정 상태를 개선하고 장기적인 재산 관리에도 도움을 준다.

결국 신축 프로젝트는 단순히 건물을 세우는 것을 넘어서서, 건축주에게 다양한 측면에서의 성장과 발전을 가능하게 하는 기회를 제공한다. 모든 어려움과 도전을 극복하고 프로젝트를 완료하는 과정에서 얻는 성취감은 말로 표현할 수 없는 가치가 있다. 이러한 경험은 앞으로 나아가는 데 있어서 두려움 없이 새로운 도전을 수용하고, 더 큰 목표를 향해 나아가는 원동력이 될 것이다.

신축 프로젝트를 진행하며 겪는 모든 과정은 궁극적으로 건축주를 더욱 강인하고, 지혜롭고, 유연한 사람으로 만든다. 이는 단순히 건축 분야에만 국한되지 않고, 인생의 다양한 영역에서 긍정적인 영향을 미칠 것이다.

신축 ONE POINT

- ☑ 신축프로젝트 계획 시 금전적인 예산은 보수적으로 접근한다.
- ☑ 건축자금 대출금은 그 현장에만 사용해야 한다.
- ☑ 변수가 있다면 모든 변수를 최소화해서 계획해야 한다. 어떻게 되겠지는 없다고 생각하자.

신축과 함께 나의 삶이 달라졌다

신축과 함께 내 삶이 달라졌다. 내가 좋아하는 것이 무엇인지 알게 되었다. 하고 싶은 것을 하게 되었다. 이제 무엇을 하고 싶은지 알게 되었다. 이제 하고 싶은 것을 해보자. 같이 해보자.

신축과 함께 무엇이 달라졌을까? 솔직히 건물 두 채 지으면 무엇이 달라질까? 절대 아니다. 큰 착각이다. 경제적으로 막 부유해져서, 골프만 치러 다닐 수 있을까? 아니다. 레버리지를 이용해서 집짓기 공사를 해서 대출금을 남기고 월세를 받아 그 이자를 낸 뒤에 조금의 현금흐름 정도가 발생한다.

처음 신축을 짓고 나서는 '내가 지은 집에서 살아보고 싶다'라는 생각이 들었다. 그래서, 바로 2호점에는 입주해서 살아보고 있다. 누구의 눈치도 없이.

그렇게 두 번의 신축을 지어보니 스스로 성장함을 느끼게 되었다. 여전히 회사생활을 하고 있지만, 두 번이나 신축을 해서 잘 운영되고 있다고 말한 적 없지만, 전과 같이 노예의 삶에 연연하지 않게 되었다. 노예의 삶이라고 표현이 지나치지만, 왕과장 역시 현역에 있기 때문에 인정을 하고 쓰는 것이니 오해 없기 바란다. 노예임을 인정하면 다른 길이 보인다. 노예인 줄도 모르고 주인인 척을 하는 직장인들을 보면 참 여러 가지로 불쌍한데, 여기서는 이 정도로 이야기를 마치자.

직장 내에서도 스스로 대견하며 스스로 만족하면 여전히 회사 내 업무를 잘 소화하면 살아가고 있다라는 것이고 큰 혁명도 사표를 던지는 일은 아직까지 희망으로 남겨두고 있는 상태다. 왜냐면 아직 신축으로 벌어들이는 금액이 연봉의 두 배가 안 되기 때문이데, 그 시기가 오면 자연스럽게 퇴사하지 않을까, 이 지겨운 습관적인 회사생활의 노예 목걸이를 분질러 버리는 일이 오지 않을까 희망회로를 꿈꾸고 있다.

신축으로 능동적이 일을 하고 성과물도 있으니, 자신이 생겼다. 이건 어느 무엇보다 커다란 성과다. 생활의 자신감. 비록 회사충이지만 그 이상의 안목으로 여러 사람들과 대화한다. 그냥 다른 이들의 자산에, 지식에 주눅 들어 웃길 타이밍에 웃기지도 못한(사실 유머가 넘치는 인간형) 적이 있었는데 말이다.

블로그를 지속하며 신축을 이야기하며 신축투어라는 것도 해보고, 신축 스터디도 운영해보고, 네이버 신축카페(골때리는 조물주들:골조)도 운영해보고 있다.

어떤가. 평범한 직장인이 이런 시도와 기획이 가능할까?

신축만 했다면 가능하지 않는 일들이다. 신축만 해서 팔고 지으면 이건 흔한 집장사다. 고생하고 내가 필요했던 건 누군가도 필요한 것이라 생각해서 블로그에 기록을 했다. 누군가는 고민 상담을 민원에 대해 상처받아 상담을 해오고, 다시 왕과장 경험을 나누어준다.

누군가는 신축이 하고 싶어 신축투어 같은 이벤트에 참여해서, 두 개의 신축 건물을 보고 갔으면 또 누군가는 신축이 정말 하고 싶어 신축 스터디에 한 달 동안 참여하며, 같이 공부하고 인연을 만들어 가고 있다.

그냥 집만 짓는 집장사와는 다른 무엇인가 왕과장한테 있다. 신축을 해냈으니, 더 당당하게 많은 분들께 신축이 막연한 분들께 두드리면 이야기드리는 사람이 되고 싶은 것이다. 그저 회사에서만 평범하면 된다. 회사 안에서 더 무엇이 필요하랴.

이렇게 책도 쓰고, 강의도 나가면서 스스로 발전하고 이런 과정을 거치면서 정말 내가 하고 싶은게 무엇인지 나이 50이 다 되서 알게 된 것이다. 신축으로 알게 된 것이다. 그래서 신축 스터디에 찾아온 분들께 말씀드린다. 하고 싶은 신축 먼저 시작하는 분이 위너

(Winner)라고 말이다.

이제 앞으로 어떤 사람이 되고 싶은지도 알게 되었다. 하고 싶은 일만 하고 싶은 것이다. 신축을 하면서 신축을 필요로 하는 사람들과 교류하면 같이 발전하는, 경제적 독립군을 만들고 싶은 것이다. 작지도 거창하지 않다. 같이 하면 오래 웃으면서 갈 수 있음을 신축 공사중에 여러 번을 보고, 느꼈기 때문일 것이다.

자신감과 미래의 비전, 나는 누구인지 신축을 통해 비로소 알게 되었고, 얻은 소중한 자산이다. 믿겨지는가? 나도 믿겨지지 않은 이 글들이 말이다.

왕과장의 평범한 직장인으로 시작해 어느덧 두 채의 건물을 짓고 말았다는 지루한 이야기다. 큰 반전을 원했다면 미리 사과드린다. “미안합니다, 막 떡상 같은 그런 스토리는 없습니다.”

더욱이 이 건물들의 절반은 사실 은행의 것이다. 월세를 내는 임차인 덕분에 대출금을 갚아나가고 있는 것, 이 사실을 사람들은 얼마나 알고 있을까?

때로는 비싼 회전 초밥집에서 마음껏 초밥을 집어 먹을 것 같은 왕과장을, 어떤 이들은 속도 모르고 마냥 부러워할지도 모른다. 어쩌면 명품을 착용하고 고급 차를 운전하며, 회사에서는 부자의 신분을 숨긴 채, 필요하면 상사에게 대들기도 하는 그런 삶을 상상할 수도 있을 것이다.

실제 나의 삶이 얼마나 달라졌을까? 놀랍게도, 크게 변한 것은 없다. 오히려 내 삶에 대한 경험과 목표만 더욱 선명해졌다. 내가 진정으로 좋아하는 것이 무엇인지, 하고 싶은 것이 무엇인지 깨달았다. 이제는 그 깨달음을 바탕으로 내가 정말로 하고 싶은 일을 추구할 수 있게 되었다.

건물 두 채를 지음으로써 경제적으로 부유해져서 매일 골프를 치러 다닐 수 있게 될 것이라는 기대는, 사실과는 거리가 멀다. 대출과 월세, 그리고 그로 인해 생기는 조금의 현금흐름… 이 모든 것이 내가 신축을 함으로써 얻게 된 현실이다. 그럼에도 불구하고, 신축을 통해 나는 스스로의 성장을 경험했다. 이제는 더 이상 회사 생활에만 얽매이지 않는다. 그런 생활을 '노예의 삶'이라고 표현하기도 한다. 하지만 이제 나는 그런 삶을 인정하고, 그 너머를 볼 수 있는 눈을 가지게 되었다.

내 삶의 진정한 변화는 내면에서 시작되었다. 신축 프로젝트를 통해 더 많은 것을 배우고, 더 많은 사람들과 소통하며, 내가 진정으로 하고 싶은 일을 찾아가고 있다. 나는 이제 블로그를 통해 신축에 대한 이야기를 나누고, 신축 투어와 스터디 모임을 주최하며, 나의 경험을 다른 이들과 공유하고 있다.

이 모든 경험을 통해 나는 진정으로 하고 싶은 일을 찾게 되었다. 그것은 바로, 경제적으로 독립적인 커뮤니티를 만드는 것이다. 신축 프로젝트를 통해 만난 사람들과 함께 성장하고, 서로를 지원하며 나아가고자 한다. 신축을 통해 변화한 것은 많지만, 그 변화는 점진적이고, 내면적이었다.

실제로 달라진 것은, 이제 나는 더 많은 책임감을 가지고 임차인들의 민원에 대응하고, 지속적으로 새로운 프로젝트를 모색하며, 나의 경험을 통해 다른 이들에게 영감을 주고자 노력하고 있다. 이 모든 과정을 통해, 나는 저자라는 새로운 타이틀을 얻었고, 나의 삶은 더욱 풍요로워졌다.

신축이라는 작은 시작이 가져다준 큰 변화, 그것은 나의 삶을 영원히 바꾸어 놓고 있다. 이렇게 책도 내고 있지 않은가!

신축 프로젝트, 이것만 기억하자

◆
✚
●

신축 프로젝트를 시작할 때 많은 이들이 성공을 꿈꾸지만, 실제로는 예상치 못한 어려움에 부딪히곤 한다. 신축 과정에서의 경험을 바탕으로 신축 시 주의해야 할 점 5가지, 하지 말아야 할 10가지를 정리했다.

주의해야 할 점 5가지

1. 예산의 부족

한 지인은 처음 계획했던 예산보다 공사비가 훨씬 더 들어가는 바람에 결국 추가 자금을 마련하기 위해 고군분투해야 했다. 예산 계획을 세울 때는 항상 여유를 두고, 예상치 못한 비용에 대비할 필요가 있다.

2. 시공사의 선택 오류

시공사의 실력을 제대로 검증하지 않고 선택한 결과, 공사 진행 중 여러 문제가 발생했다. 공사 지연은 물론, 마감 품질에도 큰 불만을 가질 수밖에 없었니다. 시공사 선택 시 과거의 프로젝트 성공 사례와 리뷰를 꼼꼼히 확인하는 것이 중요하다.

3. 허가 및 규제의 미숙지

건축 허가 과정과 관련 규제를 제대로 숙지하지 않아 공사가 중단되었던 경우도 있었다. 특히 지역에 따라 다른 건축 관련 법규와 규제를 미리 파악하고 준비하는 것이 필수다.

4. 계획의 비현실성

이상적인 계획을 세웠지만, 현실과의 괴리로 인해 계획대로 진행되지 않기도 한다. 현장 상황, 자재의 가용성, 기후 등 다양한 외부 요인을 고려하지 않고 세운 계획은 종종 수정이 불가피하다. 수정은 프로젝트를 연기시키고 비용을 증가시키니 주의하자.

5. 커뮤니케이션의 실패

건축주와 시공사, 혹은 설계사 간의 의사소통 부족으로 인해 생긴 오해가 프로젝트의 지연을 초래했던 경우도 있다. 프로젝트의 성공을 위해서는 모든 관계자 간의 원활한 커뮤니케이션이 매우 중요하다.

이런 사례들을 통해 우리가 배울 수 있는 교훈은 신축 프로젝트를 계획할 때는 가능한 모든 변수를 고려하고, 충분한 준비와 연구가 필요하다는 것이다. 또한 어떤 과정에서든지 유연성을 가지고, 문제가 발생했을 때 신속하게 대응할 수 있는 능력이 중요하다는 점을 기억하자.

하지 말아야 할 10가지

1. 너무 빠듯한 에쿼티, 가성비의 유혹

가성비를 추구하는 것은 마치 하이에나가 먹이를 쫓는 것과 같다. 저렴한 공사 가격만을 추구하며 최저 견적만을 쫓아 다니는 건축주들의 이야기다. 다른 이들이 건축비 10억 원을 투자할 때, 어떻게 5억 원 견적으로 신축을 꿈꾸는지 놀라울 정도다.

너무나도 빠듯한 에쿼티는 사실상 자본 없이 신축을 시도하는 건축주가 있다는 뜻이다. 에쿼티란 결국 자신의 자본, 즉 호주머니 속 자금이다. 사실 문제는 에쿼티의 크기가 아니라 건축주가 가진 토지를 어떻게 활용할지 결정조차 어려워하는 경우다. 그럼에도 불구하고 자본이 적다는 이유 혹은 가성비를 최우선으로 여기며 최저가만을 고집하는 건축주가 많다.

그렇다면 신축을 위해 얼마의 자금이 필요할까? 건축주나 토지주마다 목적이나 성향이 다르기 때문에 우선 원하는 신축의 유형을 결정하고, 그에 맞는 건축사와 계획설계를 받아본 후, 설계도면을 바탕으로 최소 10곳 이상에서 비교 견적을 받아보는 것이 중요하다. 그중 상위와 하위를 제외한 중간 견적을 기준으로 고민해보면 대략적인 필요 자본이 나온다. 만약 토지에 대한 대출이 없다면 최소한 계산된 금액의 약 30% 정도를 가지고 있어야 한다.

2. 남에게 기대고 싶은 마음을 버려라

아이들이 부모에게 의지하는 것은 미성년자이기 때문이다. 성장하면서 자립해야 한다는 교육은 부모의 주된 목표 중 하나다. 마찬가지로 신축 집을 짓는 건축주도 누군가에게 의지하기보다는 독립적으로 결정을 내려야 한다. 물론 의지할 수 있는 건축사나 컨설팅

업체(PM)에게 조언을 구하는 것은 도움이 된다. 하지만 과도한 의존은 오히려 프로젝트에 해가 될 수 있다.

자녀가 독립된 성인으로 자라기를 꿈꾸듯, 건축주도 신축 프로젝트를 성공적으로 완성하는 것을 목표로 해야 한다. 이 과정에서 건축사나 멘토의 조언을 찾는 것은 중요하지만, 결국은 스스로 준비하고 공부하며 동료들과 함께 협력하는 것이 더 큰 힘을 발휘한다.

신축 집짓기는 대부분 처음이라 누군가에게 의존하려는 경향이 있다. 하지만 이는 공사비를 낭비하는 첫걸음이 될 수 있다. 적절한 조언과 도움을 받되, 자신의 프로젝트에 대한 주도권을 쥐고 독립적으로 결정을 내려야 한다. 스스로 판단력과 결정을 신뢰하는 것이 신축 집짓기 프로젝트에서 성공의 열쇠다.

3. 현장 관계자에게 모든 것을 맡기지 마라

"다 맡길게."라며 모든 것을 신축 현장 관계자에게 맡기는 건축주들이 있다. 그들은 사람을 신뢰하고 모든 것을 이해하려 한다. 하지만 이러한 태도는 신축 프로젝트의 성공을 위협하는 큰 함정이 될 수 있다.

신축 프로젝트는 단순한 윷놀이가 아니다. 당신의 모든 것을 걸고 성공을 추구하는 큰 도전이며, 그 결과는 신중한 계획과 결정에 따라 결정된다. 설계도면을 다수 의뢰하고, 시공사 견적을 충분히 비교하는 등의 노력을 통해 위험을 최소화해야 한다. 그렇지 않고 모든 것을 맡기는 태도는 결국 당신이 모든 것을 잃을 수 있는 위험으로 이어진다.

신축 프로젝트에 성공하기 위해서는 당신의 성격을 넘어서 합리적이고 냉정한 결정을 내려야 한다. 남들보다 더 큰 노력을 기울이고, 모든 선택지를 면밀하게 검토하는 것이 중요하다. 당신의 꿈을 실현할 신축 프로젝트에 성공하기 위해선, 너무 많은 것을 한 번에 맡기는 것보다는 당신의 결정과 행동이 중요하다.

4. 지불 계획을 어긋나는 선결제는 그만

코로나19 팬데믹 이후 자재 가격이 급등하면서 건축 업계는 불안정한 시기를 겪었다. 자재 공급업체부터 시공사까지, 모두가 미리 자재를 확보하기 위해 안간힘을 썼고, '오늘이 가장 싼 날'이라는 말이 유행처럼 퍼졌다. 이러한 상황은 불행히도 사기꾼들에게 완벽한 기회를 제공했고, 많은 업자가 피해를 보았다. 업계 종사자들조차 속아 넘어간 경우가 많은데, 순진한 건축주는 정말 쉬운 타킷이었을 것이다.

건축 프로젝트를 진행할 때는 '계약금 → 중도금 → 중도금 → 중도금 → 잔금 → 최종 확인 후 잔금 지급'과 같은 명확한 지불 계획을 고수하는 것이 중요하다. 어떠한 상황에서도 이러한 일정에서 벗어나는 요구는 의심의 여지가 있다. "자재를 미리 확보하기 위해 중도금을 조금 더 일찍 지급해달라."라는 요청은 단호하게 거절해야 한다. 이는 가장 흔한 사기 수법 중 하나로, 건축주의 돈을 쉽게 노리는 방법이다.

이러한 요구에 마주쳤을 때는 "안녕히 가세요."라고 답하는 것이 최선이다. 건축 프로젝트는 개인에게 있어서 인생신축이고 대규모 투자다. 그에 따른 위험 관리가 필요하다. 특히 재정 부분에서는 더욱 신중해야 하며, 계약서에 명시된 지불 계획을 철저히 준수하는 것이 중요하다. 건축주로서 세심한 주의와 명확한 계획으로 사기의 위험을 최소화할 수 있다.

5. 뒤통수 치는 건축주가 되지 말자

주의해야 하는 건축주도 있다. 이미 사기를 칠 계획을 세우고 있는 유형이다.

"분양이 완료되면 잔금을 지불하겠습니다." 이 말은 합리적인 후불 결제처럼 들릴 수 있지만, 실제로는 건축주가 이미 다른 곳에서도 연속해서 신축공사를 진행 중이라며 도움을 요청하는 상황에서 또다시 나오곤 한다. "분양이 완료되면…"이라는 한마디로 여러 현장을 연이어 공사를 진행하고 시공사의 공사비를 완벽하게 결제하지 않은 채 사라져 버리는 건축주들이 실제로 존재한다. 때로는 4~5개 현장을 이런 식으로 연속으로 신축하다가 자취를 감추기도 한다.

이러한 사태가 발생하면 현장의 하청업자들은 어떻게 될까? 이미 많은 하청업자가 이러한 유형의 건축주를 경험하며 배웠듯이, 모든 건축주가 선의를 가진 것은 아님을 알고 있다. 따라서 이런 상황에 놓이지 않으려면 건축주와 시공사는 계획된 날짜에 맞추어, 공사 진척도에 맞추어 정확하게 대금을 지불해야 한다.

건축 프로젝트를 성공적으로 이끌기 위해선 건축주는 스터디 그룹에 참여하거나, 간접 경험을 통해 충분한 지식을 습득하고 준비되어 있어야 한다. 멘토, PM(프로젝트 매니저), 혹은 시행 대행사와 같이 신뢰할 수 있는 전문가의 도움을 받는 것도 중요하며, 이를 통해 위험을 최소화하고 프로젝트를 원활히 진행할 수 있다.

건축주로서 책임감을 가지고 투명하게 프로젝트를 관리하며, 공사 관련 모든 이해관계자와의 관계에서 신뢰를 구축하는 것이 중요하다. 이는 건축 프로젝트뿐만 아니라 사업 전반에 걸쳐 성공을 위한 핵심 요소다.

6. 인연에 휘둘리지 마라

우리나라는 정이 넘치는 나라, 정이 가득한 나라다. 그런데 때로는 '정'이 문제가 되기도 한다. 신축 프로젝트를 시작할 때 대부분 건축주는 지인이 소개로 첫발을 넘는다. 누군가의 소개로 연결된 연결고리를 따라 공사를 맡기는 경우가 많다. 대부분은 '그냥 남'이다. 비교 견적을 받아보지도 않고, 실제 어떤 신축을 했었는지 결과물을 확인하지도 않은 채 맡기는 경우, 좋은 결과를 기대할 수도 있지만 그렇지 못한 경우를 더 많이 목격했다.

비교 견적을 받아보고 나서 결정해도 절대 늦지 않다. 혹은 남들처럼 구체적인 계약서를 준비하는 것이 중요하다. 인연에 연연하며 호구가 되는 상황을 종종 목격했다. 인연으로 인해 모든 것이 순조롭게 진행되어 마무리되면 좋겠지만, 그렇지 않은 경우도 있음을 잊지 말자. 인연보다는 객관적인 기준으로 판단하는 것이 중요하다.

7. 신축 전략은 처음부터 결정하라

어떤 목적으로 신축을 하는지 모르고 시작했다면, 이제 그 결정을 내려야 할 때다. 분양과 임대, 이 두 길은 매우 다르다. 첫 신축에서 분양이 성공적이었다면, 그 행운을 너무 의지하지 마라. 시장은 항상 변화하며, 분양의 길은 때로는 높은 벽이 될 수 있다.

수익형 주택에는 크게 두 종류가 있다. 분양을 목적으로 하는 공동주택과 임대를 목적으로 하는 단독주택이다. 각각의 선택에는 세금, 입지, 혜택 그리고 시장 분위기 등 고려해야 할 요소가 많다. 어떤 목적으로 집을 지을지 명확히 하고 시작하면, 계획과 전략을 세울 수 있다.

분양은 시장의 흐름을 정확히 읽고 대응하는 능력이 필요하다. 심지어 아파트조차 미분양의 위험이 있기 때문에, 신축을 분양으로 결정했다면 그 결정에 대한 신중히 고려해야 한다. 다세대 빌라를 지어 분양하는 경쟁자들이 많은 현실에서, 이들을 이길 전략을 갖고 시작하는 것이 중요하다.

신축의 목적을 명확히 세우고, 그 목적에 맞는 전략을 수립하는 것이 성공적인 신축 프로젝트의 첫걸음이다. 분양이든 임대든, 목적에 맞는 명확한 계획과 전략이 필요하다는 점을 잊지 말자.

8. 레버리지를 활용하되 대비하라

신축 사업의 매력 중 하나는 바로 레버리지, 즉 대출의 힘을 빌려 큰 꿈을 실현하는 것이다. 대출은 많은 이들이 경계하는 단어지만, 신축 사업에서는 필수적인 전략 중 하나로 자리 잡고 있다. 자본만으로 신축을 진행한다는 것은 매우 이상적이지만 현실적으로는 어려운 일이다. 아파트 구매 시 대출을 활용해 먼저 집을 확보하고, 시간을 두고 부동산 가치 상승을 기대하듯, 신축 역시 비슷한 원리로 작동한다.

신축 프로젝트에서 대출이 잘 나오는 이유는 바로 공급자로서의 역할 때문이다. 최대 80%에 가까운 대출로 신축을 진행하고, 완성 후 매도하면서 큰 이익을 얻을 수 있는 구조로 되어 있다. 하지만 이 모든 과정은 장밋빛 전망만으로 이뤄지는 것은 아니다. 대출을 활용한 신축 사업은 신중한 계획과 위험 관리가 필요한 고도의 전략이 요구된다.

대출로 신축을 진행할 때는 반드시 재무 상태를 면밀하게 분석하고, 시장 상황을 정확히 예측해 계획을 세워야 한다. 대출이라는 레버리지를 최대한 활용해 이익을 극대화하는 것은 매력적이지만, 그 만큼의 리스크도 동반된다. 따라서 대출을 통한 신축 사업 진행 시에는 모든 가능성을 염두에 두고 철저한 준비와 대비가 필요하다.

9. 컨설팅만 믿지 마라

컨설팅을 이용하는 것이 과연 믿을 만한가? 답은 '케이스 바이 케이스'다. 신축 프로젝트에 있어 컨설팅은 무척이나 유용할 수 있으며, 특히 토지 선택, 계획설계, 은행 레버리지와 같은 초기 단계에서의 정리와 조언을 제공함으로써 프로젝트의 성공 가능성을 높일 수 있다. 그러나 이 모든 서비스에는 수수료가 부과된다.

컨설팅이 제공하는 가치는 분명하지만, 본인이 직접 조사하고 배우며 발을 들여놓는 노력 또한 큰 가치가 있다. 실제로 여러 건축주와 투자자가 컨설팅 없이도 성공적인 신축 프로젝트를 완성한 사례가 많다. 이는 스스로 공부하고 시장을 이해하며, 적절한 전략을 세우는 것이 가능함을 의미한다.

따라서 컨설팅 서비스를 고려할 때는 비용 대비 얻을 수 있는 실질적인 이익을 검토해야 한다. 물론 전문가의 조언은 신축 프로젝트의 리스크를 줄이고 성공 확률을 높이는 데 큰 도움이 될 수 있지만, 개인의 노력과 학습으로도 충분히 성공할 수 있음을 잊지 말아야 한다. 컨설팅의 진정한 가치는 그것을 어떻게 활용하느냐에 달려 있다고 할 수 있다.

10. 혼자서 하려고 하지 마라

모든 일을 즐기는 사람이 진정한 승자가 된다는 말이 있다. 하지만 처음부터 모든 것을 알고 시작하는 건 불가능에 가깝다. 대신 각 분야의 전문가들을 조율하며 프로젝트를 지휘할 수 있는 능력을 키울 수 있다.

나는 첫 신축 프로젝트를 완성한 후, 경험은 '할 수 있다'라는 자신감으로 이어졌다. 그다음 프로젝트를 통해 자연스레 전문가로 거듭나며 신축을 즐기게 되었다. 이 과정에서 중요한 것은 시작하기 전 철저한 준비와 첫 단추를 잘 끼워야 한다는 점이다. "모든 계획은 완벽했다. 얻어터지기 전까지는"이란 말처럼, 신축도 예상치 못한 도전들이 기다리고 있다.

내가 운영하는 단톡방과 카페는 신축에 관한 정보와 경험을 나누는 데 큰 도움이 된다. 또한 신축 투어 프로그램에 참여하면 직접 건물주들을 만나고 그들의 이야기를 듣는 것도 자극이 된다. 이런 과정을 통해 단순히 이론으로 배운 지식과 실제 경험이 맞물리며, 신축에 대한 깊은 이해와 애정이 생긴다.

지금까지 왕과장이 한 이야기는 단순히 신축에 관한 떠드는 것이 아니라, 실제 현장에서의 생생한 경험과 노하우가 담긴 교훈(valuable lessons)이다. 그래서 같은 목적을 가진 사람들이 함께 모여 정보를 나누고 고민을 해결해나가는 과정 자체가 큰 즐거움이 되고, 성공적인 신축으로 이어질 수 있다.

당신도 왕과장과 함께라면, 신축의 세계에서 성공의 길을 걸을 준비가 되어 있다. 시작이 반이라는 말이 있듯, 이제 그 첫걸음을 함께 내디뎌 보자.

에필로그

모든 부자가 공통으로 하는 말이 있다. 진짜 부자인지 아닌지 모르지만 우리는 그들을 '부자'라고 바라본다. 스스로 부자라고 이야기하고 부지런한 모습을 보여주기 때문에 일단 믿어본다. 그들이 하는 말들을 하나씩 실행해본다. 이렇게 하면 부자가 된다고 하니 그렇게 행동해본다. 권하는 책을 읽고, 자신의 콘텐츠를 발견하기 위해 애쓰고, 추천하는 경제활동 흉내 내본다.

그러다 느낀다. 최소한 나쁜 것들을 말한 건 아니란걸, 그래서 그들이 공통적으로 가리키는 방향으로 흘러가게 된다. 긍정적인 마인드를 갖고, 새벽 기상을 하며, 자신이 잘하는 것을 더 발전시키고자 기록하고 행동한다.

나 역시 이런 방향성을 가지려고 애를 썼다. 문제는 신축을 준비할 즈음, 이런 세상의 원리와 나를 위한 부지런함이 별개였음을 너무 늦게 알게 된 게 조금 속상할 뿐이다. 젊음은 그 어떤 무기보다 대단하다. 조금이라도 먼저 깨우치는 인간이 자본주의 게임에서 승자가 된다.

자신의 꿈을 위해 하고픈 신축을 위해 꿈을 현실로 이루는 모든 분께 작은 동기라도 되었으면 하는 마음으로 용기 내어 글로 남겨 본다.

부동산 투자는 처음이지만
내 집 지어서 잘살고 있습니다

초판 1쇄 발행 2024년 6월 4일

지은이 | 왕과장
펴낸곳 | 원앤원북스
펴낸이 | 오운영
경영총괄 | 박종명
편집 | 최윤정 김형욱 이광민 김슬기
디자인 | 윤지예 이영재
마케팅 | 문준영 이지은 박미애
디지털콘텐츠 | 안태정
등록번호 | 제2018-000146호(2018년 1월 23일)
주소 | 04091 서울시 마포구 토정로 222 한국출판콘텐츠센터 319호(신수동)
전화 | (02)719-7735　　팩스 | (02)719-7736
이메일 | onobooks2018@naver.com　　블로그 | blog.naver.com/onobooks2018

값 | 18,000원
ISBN 979-11-7043-539-6 03320